KARAKTER I MENTALITET
JEDNOG POKOLENJA

KARAKTER I MENTALITET
JEDNOG POKOLENJA

Dragiša Vasić

Globland Books

Svome neprežaljenom, milom šuraku i bratu Voji St. Ribarcu, koji je prerano umro, a voleo život, radi knjige i radi naroda posvećujem ovaj rad.

Dragiša

UVOD

Jedno gledište o karakteru i mentalitetu balkanskih naroda.

Filozof jednoga naroda koji nam je prijatelj, jer nas je upoznao, gospodin Gistav le Bon, nije nas poznao, kao njegov narod. Evo odmah, ako bismo to utvrdili, jednog malog problema koji se nameće toliko istaknutom psihologu, baš iz oblasti nauke kojoj se on sav tako predano posvetio i gde je, nema sumnje, stekao glas velikog i ozbiljnog autoriteta.

U više svojih knjiga, doticao se g. Le Bon balkanskih naroda, za koje se odavno i opravdano pretpostavljalo: da će u velikoj svetskoj konflagraciji, ako nastupi, igrati dosta vidnu ulogu, i koji su, zaista, pošto je ogromni sukob i nastupio, ovu ulogu igrali i još nastavljaju da igraju...

U svome od pamtiveka vrlo nemirnom životu, čovečanstvo danas preživljuje jedan momenat osobito zamašan, osobito krvav i osobito buran. U tom pogledu ono je prevazišlo sve svoje ranije burne trenutke života. Velike i značajne istorijske prilike, u kojima se najbolje i najpotpunije mogu poznati duše naroda, i po ovome filozofu pružile su mogućnost svima njima i prinudile su ih čak da otkriju svoje istinske unutrašnje vrednosti, koje ostaju nepristupačne i nepotpuno poznate u njihovom svakodnevnom životu. Jer, kao god što u običnom životu i u međusobnim odnosima ljudi izvesni događaji otkrivaju sasvim precizno njihove karaktere, tako isto važni istorijski događaji, u odnosima međunarodnim, ocrtavaju često do sitnica duše naroda. Po delima njihovim vide se i ocenjuju njihove duše. A u tome, možda, i jeste jedna od najvećih dobiti današnjeg najžalosnijeg i najkrvavijeg svetskog konflikta. Isto onako, kao što je među pojedincima, u njihovim privatnim transakcijama, gde poverenje stalno ima važan udeo, vrlo potrebno da se oni dobro poznaju, u međunarodnim odnosima, gde je to poverenje još neophodnije, od životnog je značaja da se što je moguće više zna o stranama koje u njima učestvuju.

Već sad može se sa velikom tačnošću govoriti o raznim narodima. Složen i težak ispit polagan je dugo i lagano, i zato danas, pred svakim nepristrasnim sudom, nikome ne bi pomoglo da se izgovara na to: kako mu se prilika nije dala da pokaže sve što se imalo da pokaže i kako je imalo izvesnih razloga da se uzdrži ili ne uradi sve ono što se imalo da kaže ili uradi. Najstrašnija tragedija u istoriji obuhvatila je sve što je imalo, trebalo i bilo važno da se obuhvati.

Balkanski narodi, prvi na krvavoj pozornici i još u predigri užasne tragedije, pružiše svakome priliku da ih prouči, uporedi i upozna. Još u balkanskim ratovima oni sasvim otkriše svoje karaktere i ko je još mogao verovati: da su oni i danas ostali sasvim nepoznati čak i jednom od najistaknutijih predstavnika moderne psihologije!

U svome mišljenju o balkanskim narodima g. Le Bon je nepokolebljiv. Ovo je njegovo gledište: „O narode ove civilizacija se samo očešala; ona ih nije izmenila. Njihovi su nasledni karakteri nepromenljivi, jer su stabilizirani i upravljani religijskim verovanjima i rasnim mržnjama. Ove rase razlikuju se religijom, jezikom, aspiracijama i mržnjama, koje su naročito duboke. Žestoka mržnja koju su mali balkanski narodi ispoljili protivu Turaka, posledica je vekovnog ugnjetavanja i ona se manifestovala u besnoj i divljoj osveti ugnjetenih prema ugnjetaču. Ova nasleđena strast prema Turcima bila je žestoka, ali je ona bila još silnija između njih samih. Jednom oslobođeni od Turaka, oni se

masakriraju bez poštede, tražeći da se uvećaju pljačkajući i uništavajući svoje susede... Ropstvo tursko beše, možda, politički režim najbolje prilagođen njihovom mentalitetu."
Treba jako naglasiti da je pisac nepokolebljiv u ovome gledištu. U svome delu *Život istina*, gde govori o fuziji individualnog interesa sa društvenim interesom, on je pisao: „Sjedinjenje individualnih i kolektivnih interesa daje narodima veliku snagu. To može da se utvrdi čak kod varvara, pod uticajem silnih kolektivnih mržnji, ali tada na jedan momentalan način. Bugarski pukovi ustremljujući se bajonetom na turske topove, koji bljuvahu karteč, i gubeći katkad polovinu svojih efektiva, behu animirani žestokom mržnjom, kojoj je izvor vekovno ugnjetavanje. To više nije bio vojnik koji je prosto u ime discipline, kao Rusi u Mandžuriji, branio nerazumljive političke potrebe protivu jednoga neprijatelja koga nije poznavao da bi ga mogao mrzeti, već su to bili ljudi koji ovaploćavahu jedno vekovno prokletstvo i koji htedoše da osvete lične nepravde" (*Život istina*, str. 163).

Očevidno je, da navedeni događaj nije limitativan, i da je za jedan primer kod varvara pisac uzeo Bugare, zato što je uveren, možda, da najbolje odgovaraju njegovom tvrđenju, pošto se svojom svirepošću na sve strane behu pročuli. U pogledu trpljenja, u pogledu odnosa prema Turcima stajali su, međutim, na ravnoj nozi i Srbi, i Grci, i drugi, čiji su preci podjednako snosili od istog ugnjetača. Pitanje se, prema tome, bez ikakvog ustručavanja što je g. Le Bon pomenuo varvare, tiče i ovih naroda, dakle i nas; reč je o jednoj osobini koja se ogleda i ispoljava kod naroda vekovima potlačenih, o njihovoj kolektivnoj mržnji prema ugnjetaču, reč je o jednom principu pokretaču.

U svome delu *Psihološka učenja evropskog rata* (str. 108), gde govori o ulozi mržnje rasa u političkim konfliktima, pisac je podjednak bio prema svima malim balkanskim narodima, ističući njihovu besnu uzajamnu mržnju i njihovu težnju da se, sa krajnjom svirepošću, uništavaju „čim nisu zadržavani gvozdenom rukom trećega", kao što je slučaj kad su Srbija i Grčka smoždile svoga jučeranjeg saveznika. I, najzad, u docnijem delu *Prve posledice rata* (str. 246-249), još jednom ponavlja svoje gledište koje smo izneli, potkrepljujući ga žalošću diplomata, o slepilu kojih govori neposredno potom i na idućoj strani, što ovi narodi, kojima se ne može vladati onako isto kao i Kinezima, nisu ostavljeni da se uzajamno unište, „pošto od najudaljenijih vremena, čak i pre turske vladavine, oni nikad ne imađahu drugi ideal, i pošto sve njihove klice civilizacije poslužiše samo da im olakšaju sredstva radi uzajamnog ubijanja".

Ove male balkanske narode, kao što navedosmo, mogla je, prema ovome, držati jedino gvozdena turska ruka, koja je po g. Le Bonu, održavala mir za više vekova samo tako što nikad ne ispuštaše kolac i batinu.

Sa jezom pominje g. Le Bon svoj put u Mostar, gde je, prolazeći kroz ovu „nepopravljivu populaciju", slušao strašne priče o tome: kako se u okolini ove varoši muslimani i hrišćani uzajamno masakriraju na najsvirepiji način, guleći jedni drugima kože, vešajući ih posle o drvo, napunjene slamom.

Zadugo smo se, priznajemo, ustručavali da javno pretresemo ovo gledište uglednog francuskog filozofa. Ono mučno, što je ovakvo tvrđenje i sa onakvog mesta izazivalo u nama, bilo je u hiljadu prilika ublažavano iskrenim i skoro jednodušnim demantima onoga naroda kome filozof pripada. Ali mi smo hteli prvenstveno nas radi da se upustimo u pretres ovih značajnih pitanja: jesmo li se mi zaista borili protiv Turaka sa strašću nasleđene mržnje; vlada li, zbilja, u našim srcima bes divljačke mržnje protivu Bugara; kakav je, u stvari, karakter i mentalitet Srba? Svojim malim znanjem mi bismo, u isti mah, želeli da pripomognemo ovom psihologu, iznoseći mišljenje koje se razlikuje od njegovog, i oslanjajući se, pri tom, na razlog što smo bili bliži izvoru pojava, čije nas objašnjenje interesuje, i što smo zato bili u položaju da im bolje i sigurnije pogledamo u oči. A, ako bismo u ovoj nameri uspeli, mi bismo samo potvrdili jedno njegovo mišljenje, kako: „među mnogobrojnim učenjima rata treba notirati taj bitni fakt, da se razni narodi univerzuma poznavahu vrlo malo i, sledstveno, da jedan o drugom donašahu vrlo pogrešno suđenje" (*Prve posledice rata*, str. 37). Ako bi se još, uz to, po E. Fageu, uzelo: da civilizacija znači brzinu i lakoću komunikacija, onda bi se samo moglo dodati da je taj fakt za žaljenje.

1

O uzrocima ratnog oduševljenja. — Opšti uzrok. — Oduševljenje izazvano mobilizacijom ne znači samo patriotski elan. — Posebni razlog koji je pokretao Srbe i šta je značila njihova gotovost da se žrtvuju. — **Pokretač akcije protiv Turaka nije bila mržnja, strast koja nije u instinktima naše rase i njenim tradicijama.**

Da u ljudskim akcijama razum igra neznatnu ulogu, a da su one, naprotiv, upravljane strastima iz prošlosti, „davnašnjim vojskama atavizma", da neki narodi nose u sebi klice predačkih instinkata i snage mrtvih, to nam, kao i g. Le Bonu, izgleda do očiglednosti potvrđeno i odostovereno u današnje vreme, i posle velikih događaja što su minuli. Ali mi smo svedoci jednog, možda čudnog, odstupanja u ovome i smatramo da ova pojava zaslužuje da se prouči duboko, svestrano, nepristrasno, i u onom istom naučnom interesu za koji se svesrdno i odavno zalaže ovaj filozof. Mi se ne poduhvatamo, uostalom, da tvrdimo ništa drugo za Srbe do ono što g. Le Bon ističe za svoj narod, o kome veli da lako zaboravlja antipatiju; i mi isto tako izjavljujemo: da Srbi nisu mrzeli Turke ni kolektivno ni nikako, misleći na većinu srpskog, slobodnog naroda, koji se s njima borio i pobedio ih, jer je reč o nasleđenoj mržnji i jer je sasvim mali broj bio, u borbi protiv Turaka, onih Srba što su se pod njima nalazili do oslobođenja 1912. godine.

I srpski pukovi, kao i oni bugarski, koje pisac navodi, jurišali su bajonetima na turske topove, što su bljuvali karteč, pa su, neretko, u tim jurišima gubili i više od polovine svojih efektiva. Ali, da li je ovaj polet bio zaista posledica istinske mržnje i izraz one strasti stvorene vekovnim ugnjetavanjem? Da li je to bio nasleđeni žar što se razbuktao, kad ga je razgrnula mlada generacija određena da se sveti? Je li iz njih, tih osvetnika, zbilja izbijala snaga one strasti? — Mi ćemo pokušati da iskreno analiziramo naša osećanja; i mi smo slobodni da zahtevamo od Srba da se, zajedno s nama, podsete najintimnijih pokreta svoje duše što ih u ono vreme, koje nas interesuje, osetiše; unapred tvrdo uvereni, šta će odgovoriti sebi i g. Le Bonu.

Polazeći na granicu ili ulazeći u borbu, mi smo prosto imali iluziju da mrzimo Turke. Mi smo poznavali svoju istoriju, koja nas je učila o strašnim patnjama naših predaka pod Turcima, i poneli smo jedno vaspitanje, sasvim razumljivo kad se zna da smo imali još neoslobođene braće što trpe, koje se sastojalo u tome: da imamo razloga da mrzimo Turke. Ali, zar pri svemu tome, ne osećasmo svi da ih ne možemo mrzeti dok ih ne upoznamo? I sve dotle dok ih ne upoznasmo vladala je našim bićima jedna obmana čula i duha, pokretala nas je jedna zabluda da ih mrzimo. A tek onda kada smo ih upoznali, stvarnost nas je uverila o prividnosti jedne strasti, koja nikad nama nije vladala. — Godine 1912. nacija beše gotova za uzvišenu borbu. U rat protivu Turaka Srbi su pošli sa nezapamćenim oduševljenjem.

Mi smo se uvek, s predanim naporom, trudili da proniknemo i tačno proučimo razlog onog oduševljenja, povod one retke radosti, koja beše iskrena, i one besprimerne gotovosti, da se bez ustezanja, bez tuge, smesta napusti onaj normalni, naviknuti, tihi život, da bi se zamenio za ovaj naporan, opasan i mučan, kome se išlo u susret.

Je li to, da se ponovo upitamo, bila strast za osvetom? Je li taj bes, a to je značio bes, bio izraz, oduška vekovne mržnje? Koliko je taj polet bio duh predaka, izraz nacionalnog bola ili težnje za osvetom ličnih nepravdi?

Oduševljenje izazvano mobilizacijom, mi smatramo, nije značilo samo patriotski elan. Mi razlikujemo dva glavna uzroka ovom ratnom oduševljenju: prvi opšti, drugi posebni.

Posle dužih perioda mira, naročito, nerazgovetnu radost za rat izaziva kod ljudi saznanje o promeni jednolikog, naviknutog, punog sitnih briga života. Taj život, kad ga gledamo sad, tj. iz rata, kad ga posmatramo preživljenog, kad ga prelazimo u uspomeni, izgleda nam zaista lep, čaroban, rajski. Ono za čim se najviše i žudi, posle dugih, prepaćenih ratnih godina, to i jeste baš taj isti život od koga smo ranije, sa zbunjenom radošću, utekli. Ali onda, onda on nije izgledao ni tako lep, ni tako čaroban, ni tako rajski. Sa svojim sitnim, dosadnim brigama, koje su nas grickale, sa svojim nezgodama, saplitanjima, svakovrsnim razočaranjima i neverstvima, on nam je onda bio nesnošljiv, suvoparan, zagušljiv, inertan. Rat je trebalo da znači kraj takvom životu, odmor od njega, spas od njega. I eto otuda radost, zbunjena, maglovita, nerazumljiva, puna neke golicave, nejasne nade, očekivanja, slutnje i čak jedne nove draži da se čovek okuša i u opasnosti. A zatim, rat ne dopušta samoću, tj. prisebnost, on revnosno progoni misao; sređenosti, razmišljanju, razgovoru sa samim sobom ima u njemu malo mesta, a sve to godi čovečjoj prirodi. On nameće stalno uposlenost, on nudi raznolikost, on svojom hukom i bukom ometa kritički duh, drži čoveka u polusvesti, ne da mu da se pribere, da dođe k sebi; on je ono *le tracas* o čemu govori Paskal, i to u najpunijem značenju. A čovek želi razonođenje, i veruje da će ga u ratu naći. To razonođenje sastoji se, međutim, u jednom produženom uzbuđenju, u jednom stanju nervne afekcije; jer rat, to je emocija. Duša u njemu ima skoro isključivu reč: ona govori kroz suzu, kad se zdravimo sa svojima, polazeći na granicu, ona trne, kad ulazimo u borbu, ona se ledi, kad posmatramo grozote na bojnom polju i drhće, kad tamo odnosimo pobede; ona brine brigu.

Eto u toj težnji za razonođenjem i u tom predosećanju i nadi o ugodnosti koja će, verovatno, nastupiti kad se bude živelo samo afektivno, nalazi se, čini nam se, prvi opšti razlog ratnog oduševljenja. Jedan posebni razlog pokretao je Srbe. Oni nisu osećali lične nepravde, da bi ih svetili, niti su imali ličnih razračunavanja s Turcima, s kojima pre rata nisu ni imali mnogo dodira. Prvi put u životu oni su ih, možda, videli iza svojih granica, prvi put u životu oni su ih upoznali u borbi. Doista, može li onda biti reči ma o kakvim individualnim interesima, o kojima govori g. Le Bon, i treba li se na tome još zadržavati? Ostaje nam, zatim, da se iskreno upitamo: može li se, i ukoliko, priznati nacionalni bol kao onaj pokretač? Tuđ bol, ma to bio i onoga koji je sasvim blizak, može li uopšte da odluči na jedno dugo i teško preduzeće, na onakve žrtve, na jedno tako mučno i beskrajno stradanje, kao što je ono koje nudi rat? Zna se, istinska učestvovanja u tuđem bolu ne traju dugo. Iako katkad mogu da budu žestoka, ona su uvek kratkotrajna i ona su idealna. Nacionalni bol trebao bi da znači bol braće, zbog bratskih patnji. Upitajmo se iskreno, ali sasvim iskreno: je li kadgod takav bol u nama stvarno i razgovetno postojao, u kojoj meri, za koje vreme, u kome baš obliku duševnog pokreta? I kad smo se mi, naročito, isključivo, i to u intimnosti, bavili njime, kad smo njime osobito bili mučeni? Samo kao nesvesna atavistička tendencija ovaj bol, može se reći, imao je svoj udeo u onom ratnom oduševljenju. — Jedno sasvim različno osećanje pokretalo nas je: to je predački duh koji nas je stalno podsećao na velike napore od pre jednoga veka. Mi smo imali pretke čije samopouzdanje nije nikad nadmašeno. Sa sopstvenom natčovečnom snagom, bez saveznika, bez sredstava, bez ičije pomoći, svetu je to poznato, uspeli su oni da raskinu lance vekovnog ropstva. Kad patnje behu dostigle vrhunac, oni se podigoše uspravljeno, neustrašivo, s pouzdanjem u svoje sopstvene moći. Te moći behu male. Ali ovi prosti seljaci hteli su slobodu pošto-poto, i stvorili su je. A njihov pokret, poznato je, bio je jedan odjek jedinstvenih napora očeva g. Le Bona iz 1789.

Eto takvim svojim precima, što besprimernim, nesalomljivim snagama stvoriše svoju domovinu, mi smo se neiskazano ponosili. Prema njima mi smo uvek osećali jedan dug koji beše u tome: da se očuva i nastavi njihovo divno delo. Naša zahvalnost njima i naše divljenje za njih značili su ono plemenito uzbuđenje potomaka za pretke. Zahvalni za nezavisnost, koju smo uživali, mi smo se divili snagama s kojima su je oni za sebe i za nas zadobili; mi smo hteli da pokažemo kako i mi te snage imamo i kako smo na te napore i sami gotovi; i eto to je rodilo naše oduševljenje.

To oduševljenje značilo je, dakle, našu rodoljubivu nestrpljivost i da smo dostojni da nastavimo njihovo delo. Mi smo prosto hteli da budemo njihova dostojna deca. I utoliko, eto, naš polet značio je duh naših predaka. Taj duh, sa onom potajnom radošću, zbog promene života, sa onom ličnom željom da se oprosti onog redovnog, nesnosnog stanja i ličnom, intimnom nadom da će se novi život dopasti, stvorio je ono ratno oduševljenje, koje se pojačalo sećanjem na bolove još neoslobođene braće.

Sa ovakim oduševljenjem, srpski je narod napao Turke i vodio mučne i krvave borbe 1912. Vođen svojim častoljubivim šefovima, kojima je, baš protivno mišljenju g. Le Bona, bila razumljiva i politička potreba, on se ustremljavao, on je jurišao, on je pobeđivao. S onim urođenim ponosom i jednim stečenim osećanjem dužnosti i pokornosti, animiran uspomenom na slavne pretke, on je imao težnju da bude i od njih bolji; i on je išao baš u ime discipline, što ne bi hteo da primi g. Le Bon; on je išao jer je znao zašto je potrebno da bude pokoran; on je išao jer je verovao, ali nije išao što je mrzeo.

A u borbi je Ja utopljeno. Ko je taj što tu strogo sudi o svojim postupcima, ko je tu što strogo zna šta hoće? Jedna samo reč, i čovek čini nešto, kao da ga je za to priugotovljavao ceo život mržnje; jedan samo pogled, i čovek čini nešto, kao da ga je za to pripremio ceo život ljubavi. Ova kontradikcija uslovljena je momentom, okolnošću, slučajem. To je ono što čini radnju ili akt kao mržnju ili kao ljubav, jer to nije ni istinska mržnja, ni prava simpatija; to samo na njih liči, i to je jedno raspoloženje koje nije ni svesno ni verno, već proizvod jednog momenta bez iskrenosti, bez prirodnosti, bez dubine.

Može li se, zbilja, po tome tačno ceniti čovek, koji, zbog prilika u kojima se nalazi, ne može da vlada sobom, i koji je, katkad, strašan jer je kivan na nov, već omrznut život i zato spreman da učini odgovornim svakoga; katkad pobožan i blag, kad su mu svi dragi, pa i neprijatelj, a čas ravnodušan prema svakome i prema svemu.

A kad smo upoznali, mi smo se uverili da nikad nismo mrzeli Turke. Zaista, kad ovo tvrdimo mi ne bismo ni pokušali da uveravamo samo isečcima iz novina i citatima male važnosti. Sve naše dokaze mi smo pribirali na izvoru, iz prve ruke, na onim, za većinu pisaca mračnim mestima, koja su, istina, svima pristupačna, ali kojima se tako retko pristupa. Mi smo ih prikupljali tamo gde se ljudska duša jedino u potpunoj otvorenosti ispoljava i najiskrenije ispoveda.

Mi možemo za Srbe reći isto ono što je Anri Poenkare, govoreći jednom prilikom o Moralnoj uniji, kazao za svoj narod. A on je tada rekao: „Francuske armije borile su se uvek za nekog i za nešto, a ne protiv nekog" (*Poslednje misli*, str. 255). Godine 1912. Srbi su znali da se bore za jednu nacionalnu potrebu, i tu potrebu, koja beše od životne važnosti, oni su dobro osećali i potpuno razumevali. „Svaki seljak znao je, uostalom", piše E. Deni, koji nas bolje poznaje od g. Le Bona, „da su njegovi neposredni interesi u pitanju: ako se ne sruši barijera iza koje se čuje poziv mora, on će se morati pokoriti uslovima koje će mu diktirati austrijski carinik, on će biti eksploatisan mađarskim Jevrejinom ili pograničnim veterinarom, njegove će se šljive ubuđati i njegovo žito ostaće neprodato" (*Velika Srbija*, str. 236). Obavešteni, pored toga, o neuporedivo nesnosnom stanju svoje još neoslobođene braće u starim zemljama svojih predaka, oni su uviđali: da je čas bio kucnuo za njih da se u toj borbi, za onu potrebu i za ovu braću, angažuju. Na taj način, i onako isto kao Francuzi, prema Poenkareu, oni su se borili za nešto i za nekog.

Doista, Turčin beše naš vekovni neprijatelj. Ovaj Turčin kao gospodar rđav je, ohol i nemilostiv. Ali o njemu kao takvom mi smo samo slušali. Mi, osvetnici svojih predaka, nismo osetili njegova zla, ni njegovu oholost, ni njegovu surovost. Pobeđen, mi smo se o tome uverili, on nije ni osvetoljubiv ni odvratan; naprotiv, on je blag, lojalan, mek, dobar. Kad smo kao pobedioci prolazili kroz osvojene zemlje i varoši naših predaka, mi se vrlo dobro sećamo: prvim utiscima uznemireni, ovi naši neprijatelji, ubrzo, postaše prisebni, tihi; a iz njihovih pogleda čitasmo tada ono njihovo „ksmet". Hodža je i dalje pevao Alahu, dok su verni, skrštenih nogu, iz svojih niskih dućančića rezignirano posmatrali: kako jedan nov život, koji oni ne vole, izgoni onaj njihov lenji, naviknuti, jednoliki. Pa ipak, oni se nisu bunili, jer su verovali da je to „ksmet". I zato što su se tako ponašali, mi ih nismo mrzeli. Setimo se tu našeg vojnika i sutradan po pobedi. U istim tesnim dućančićima on sedi, pošto je juče krvavo zauzeo varoš, pored Turčina, koji ga ozbiljno i s čuđenjem posmatra; nudi mu „da zapali", iako ne zna nijednu tursku reč, „razgovara" s njim, pokazujući rukom koliko ima dece i kolika su ona. Daleko od toga da mu lice izražava mržnju, preziranje ili oholost pobedioca, ono, naprotiv, odaje dobroćudnost i meku dušu; on se odmah sprijateljio. Jer onako isto kao kod Francuza, prema Peladanu, kod njega pobeda rađa velikodušnost. Koliko smo puta bili prisutni ovim „razgovorima" i koliko smo puta čuli od Turaka koji su znali da govore srpski, da kažu: „Aferim, na sablji smo vam oteli; na sablji ste povratili". Ali mržnju nigde nismo mogli sresti.

A kad smo od pobedioca postali pobeđeni, kad smo klonuli od umora, iscrpljeni, pod groznim teretom duševnih patnji, prolazili kroz one iste varoši i sela, mi smo opet posmatrali ove Turke, a iz njihovih očiju i u njihovim pogledima čitali samo ono njihovo veliko „ksmet". Kako smo ih onda mogli mrzeti? Onakvi kakve smo ih mi upoznali, pošto smo ih pobedili, ili posle našeg poraza, oni nisu izgledali ni surovi, ni rđavi, ni ugnjetači, ni osvetoljubivi, ni podmukli. I zato što nismo čuli njihov škrgut zuba, niti videli njihove mrske poglede, mi ih nismo imali rašta mrzeti.

A da li smo mi narod koji mrzi i kome je jedini ideal da masakrira treba pitati baš njih, ove Turke, koji su naši vekovni neprijatelji bili. Kad nas oni optužiše za zverstva? I da li oni isticahu ma kad surovost naših predaka, onih što su od njih nabijani na kolje, klati, rastrzani; i njihovu besomučnu, krvožednu, divljačku osvetu? Gde su ti dokumenti? Gde su bili ti svedoci do sada? Gde su pobrojani njihovi zločini koji bi bili zaslužni opšteg gnušanja? Gde je najmanji plus izvan pravedne odbrane, kojoj pribegoše naši preci? Ubijahu li oni decu i nejač svoga ugnjetača? Ko je kad god na to ukazao? Jesu li silovali, jesu li mučili glađu, jesu li oni nabijali na kolje? Jesu li činili sve ono što je prema njima činjeno? Niko im to nikad nije prebacio.

Ali neka je ove mržnje i bilo i neka je ona tada bila i žestoka, to je sve, možda, bilo momentalno, prolazno. Ko vrlo malo poznaje Srbe, taj je morao uočiti njihovu osobinu da brzo praštaju. Prijatelj srpskog naroda, Švajcarac g. Rajs, podvlačio je u više prilika ovu njihovu osobinu.

G. Le Bon citirao je g. Morisa Doneja, koji navodi da su već mnogi Francuzi zaboravili surovosti nemačke, „o kojima se nekad toliko govorilo: u jesen 1914" (*Prve posledice rata*, str. 121).

Ah, pa to isto mi tražimo da se veruje Srbima. Zar oni ne behu skoro sasvim zaboravili Slivnicu? Zar je tako bilo sa Bregalnicom? Setimo se ipak Alzasa i Lorena.

Uostalom, među nama Srbima, što se Turaka tiče i otkako smo ih upoznali, nikad ovo pitanje nije bilo sporno. Postoji gotovo jednodušna saglasnost o tome da ih ne mrzimo. I mi bismo, može biti, činili nešto sasvim izlišno, ako bi se zasada na ovome duže zadržali. Čekaju nas, međutim, mnogo zamašnija pitanja u koja tako žarko želimo da se upustimo, a odgovor na njih, nadamo se, obuhvatiće i sve ono, što nas u ovom pogledu interesuje. Mi nismo mrzeli Turke. Potrebno je proučavati naše narodne pesme, da bi se o tome steklo jedno sigurno uverenje, da bi se mogao izreći jedan pouzdan sud. Onaj ko ih je ozbiljno proučavao, taj se u tome nikad nije kolebao i dvoumio. Profesor A. Serenzen u svojoj važnoj raspravi o srpskim narodnim pesmama („Archiv für slavische Philologie", XVI, 69) karakteriše junačku narodnu pesmu i veli: da u njoj ne vlada „strasno uzbuđena duša", nego „mirno, naivno osećanje". „Stoga nema mračne mržnje na neprijatelja svoje vere i naroda, ali ima radosti od sveg srca, kad ovaj dođe u nevolju, kad ga pobede ili ubiju." I to kaže jedan stranac iz naroda koji nam je neprijatelj. Mi nismo mrzeli Turke. I mi podsećamo, uzgred, na jednog od naših najvećih nacionalističkih pisaca, Stevana Sremca, koji je u *Ibiš-agi*, sa puno simpatija, ocrtao njihovu duševnost. Mi ih nismo mrzeli. Bilo bi veoma potrebno da se baš oni o tome pitaju; oni, iz svih varoši Stare Srbije, kojima u odstupanju 1915. Srbi, među njima mnogi oficiri, poveravahu svoje porodice, ne mogući ih voditi kroz Arbaniju i ostavljajući ih sa punim pouzdanjem da ostaju kod prijatelja; oni iz Tirane, na primer, kojima srpski oficiri 1913. naručivahu specijalne radnike čak iz Debra, radi opravke njihove džamije koja beše gromom porušena; oni, na Solunskom frontu, koji se, pored mnogobrojnih vlasti što se tamo nalažahu, najradije obraćahu za zaštitu srpskim vlastima; i svi oni, najzad, sa kojima su Srbi ma kad u dodir dolazili. A može li se naći ona vera i ona pažnja kod ljudi koji se mrze do istrebljenja i da li je moguće ono poverenje pored smrtne mržnje? I mi podsećamo na isto odstupanje 1915. sve one, koji behu očevici kad turske žene dodavahu hleb, ispod svojih vratnica, našim izgladnelim vojnicima. I mi moramo da se pitamo: da li se ovo može činiti jednom omrznutom narodu?

Nasleđe je rezime predačkog iskustva. Mi smo se uvek pitali, na koji je način mogla da iščezne, da nestane, da se ugasi ona mržnja, ako je postojala? I, udubljujući se u dušu naših predaka, mi smo, zatim, osetili kako nam se nameće drugo pitanje: jesu li oni, uopšte, i bili sposobni da mrze; je li, doista, ova strast ma kad bila u instinktima naše rase i njenim tradicijama? Srbi, koji, u današnje vreme, podnose neuporedive patnje, imaju običaj da kažu: mi smo stvoreni da se mučimo. I mučeći se nečuveno, oni nikoga ne mrze. Zar je, zbilja, nemoguće da su njihovi preci, u svojim mukama, isto tako gledali jednu nužnost, jednu višu kaznu, ili jednu dužnost, neminovnu i neshvatljivu, ali dužnost da trpe do boljih dana? Otkud bi, inače, bilo moguće da njihovi potomci tako brzo, u tako kratkom roku, izmene sasvim prirodu svoje duše, svoj karakter? A ako mržnja u srcima njihovih predaka nikad nije postojala, zar su je oni mogli naslediti?

2

Jedna zabluda o mržnji prema Bugarima. — Šta je nova istorija Srbije. — Dva različita mentaliteta.

Često smo svi potpomagali jednu istu zabludu, često su nas saveznici pitali: „Vi mora da strahovito mrzite Bugare?" A mi smo im neiskreno odgovarali: „Da, iz dubine duše". Mi se tada nismo poznavali. U intimnim razgovorima, koje smo s njima vodili u toku rata, ništa, u početku, nije teže bilo nego ubediti ih: da mi sa zarobljenicima, što ih u borbama zadobivamo od ovog neprijatelja, ne postupamo surovo. U takvim prilikama oni su se uvek nepoverljivo smešili, i tapkajući nas po ramenima dobacivali nam: „Znamo, znamo, vi im valjano vraćate zajam". I oni nas, zaista, dugo nisu poznali. Ali ima li tu čega god čudnog, kad se zna da se mi sami nismo poznavali?

Nikad, možda, jednom narodu nije mogla biti učinjena veća pakost, niti se mogla prouzrokovati zamašnija nesreća od one, koju su nama učinili Bugari. Zbog njih, groblja su nam češća od sela Maćedonije, po kojima smo se, u izgnaničkoj tuzi, potucali godinama, kvaseći besane noći suzama; zbog njih, umirali smo u ropstvu; zbog njih, umirali su nam i gladovali, umiru nam i gladuju na ognjištu; zbog njih... ali svi to, bar, najbolje znamo.

Potrebno je da se setimo ponovo svih svojih nesreća, ako je to moguće; da ih pobrojimo još jedanput, da opet zagledamo u svoje grozne, krvave rane? I tada: imamo li puno razloga da smrtno mrzimo Bugare? I suviše, zar ne? Ali mrzimo li ih? U Arbaniji smo 1915. pisali u „Dnevniku": „Mi mrzimo one koji ne mrze Bugare". A posle toga puno puta kušano je naše srce, i moralo priznati da ne ume da mrzi; puno puta polagala su ovaj ispit pred nama i druga srca i dokazala ovo isto. Mi izuzetke imamo na umu. Ako je kogod hteo da, u tom pogledu, upozna Srbe, najbolje bi ih upoznao na Solunskom frontu, gde se oni već više godina nalažahu van otadžbine.

Mrzeti, to je: imati urođenu, neobuzdanu, nepomirljivu i smrtnu odvratnost prema nekome; a u jesen 1916. prilikom srpske ofanzive, zemljaci g. Le Bona zgranjavahu se gledajući: kako njihovi saveznici zarobljenim bugarskim vojnicima dele svoj hleb, često nedovoljan i za same njih, i kako ove blago i drugarski raspituju o mestima kroz koja prolažahu i o tamošnjim prilikama; mrzeti, to je: sa izrazom divljačkog besa gledati omrznutog, a istom prilikom, zemljaci g. Le Bona behu očevici, kako se bugarski ranjenici nose na mazgama, pažljivo vođeni od bolničara, dok pored njih malaksalo koračahu srpski ranjenici, nimalo lakše ranjeni od neprijateljskih; mrzeti, to znači: imati odvratan užas od nekoga, a na Božić 1916, i docnije, o velikim praznicima, srpski vojnici primahu, u svojim rovovima, posete svojih neprijatelja, koje gostiše po srpskom običaju. Ali mrzeti, osim toga, pretpostavlja jedan tačno određen subjekt, koji je učinio nepravdu ili više ovih, koji su nepravdu učinili. Ko je taj ili koji su baš ti, iz jednog naroda, što su učinili nepravdu? Ne mogu se mrzeti svi, jer mržnja je, na izvestan način, jedna koncentrisana niska strast. Protiv koga i kako je moguće da se koncentriše ova strast? Na koga ona da se izlije; ko je taj što je, upravo, zaslužio da ga ona pogodi? Eto tu nemoć poznali su svi oni što su tražili krivca, pa, umesto njega, nalazili jadnike što preklinjahu u ime svoje mnoge, male i mile dece, u ime svoje sirotinje, u ime svoje silne i žarke želje za životom, u ime svoje neodgovornosti i nevinosti, u ime dužnosti koju su vršili i prinude pod kojom su je vršili.

Nepravda koja se čini kolektivno umanjava jačinu strasne odvratnosti; ona ovu odvratnost menja u jedno osećanje preziranja. I zato što se ne nalazi precizno određeni krivac, odvratnost se rasplinjava u jedno osećanje koje je više od strasti, u kome se duša nad njom uzdiže. Jer, poznato je: za relativno malu pakost ili nepravdu ljudi se, u običnom životu, smrtno omrznu. U kome bi stepenu jačine onda trebalo da postoji mržnja, zbog nepravdi kao što su one koje se čine kolektivno i čije su posledice beskrajno strašne? Čovek izgubi sve, i porodicu, i ognjište, sve zašto je živeo, i on jadikuje i okrivljuje i sebe, i roditelje, i Proviđenje, i neprijatelje, sve podjednako. On ne zna koga treba da krivi, koga da mrzi. Krivac nije određen, i nije jedini, i tako: nije uvek mržnja ono kad čovek misli da mrzi.

Osobina Srba da su nesposobni da mrze nije ostala nezapažena od stranaca. Englez N. V. S. Polar iznoseći svoje utiske o Srbima, napisao je: „Srbi su prirodni, prosti, gotovo kao deca u njihovim pravičnostima-čestitostima; Srbin je plemenit do pogreške, ljubazan sa svojim susedom, čak i sa svojim neprijateljem... Uprkos njegove vojničke osobine, on nije ni individualno ni ukupno agresivan i ne želi osvetu, već obnavljanje svoje otadžbine. Tako isto on ne drži svakog ponaosob, Nemca ili Austrijanca, kao neprijatelja, ali jasno pravi razliku između čistih instrumenata rata i onih na visokim mestima, koji su odgovorni za nesreću. Taj dobar opšti smisao pravi ga jednom čistom vrstom borca i kavaljerom jednoga neprijatelja koji mu je upropastio otadžbinu... ima nešto zadivljujuće čak do skromnosti kod tih srpskih vojnika, rekao je jedan francuski general" (*Balkan Njuz — Srpski vojnik*, preštampano u „Ratnom dnevniku", br. 33). On je žarko želeo obnavljanje svoje otadžbine, to je sve. To oduševljenje za tim: da otadžbinu vidi ponovo slobodnu, napravilo ga je stoikom i onako isto kao kod puritanaca, po Makoliju „očistilo je njegov duh od svake prostačke strasti... jedan nadmoćni osećaj podvrgao je sebi... mržnju, slavoljublje i strah" (*Ogledi*, str. 46).

G. Le Bon je pisao: „Ono što se zovu aspiracije sviju ovih naroda, to je jedino želja dočepati se teritorije svojih suseda i masakrirati što je moguće veći broj ovih" (*Evropski rat*, str. 108).

Kako je ovo pogrešno što se tiče Srba, a kako je, međutim, bilo lako poznati njihovu jedinstveno prostu istoriju, pa izbeći da se o nju tako svirepo ogreši! A šta je značila ova istorija od početka prošloga veka do danas? „Istorija Srba, to je napor Srba. Cela istorija Srbije", rekao je jednom prilikom Žozef Rajnah, „to je napor za nezavisnost". Ona je prosto značila napor jednoga naroda da zadobije pravo na život, da zadobije slobodu i trud da se ova sloboda očuva. Prvi i drugi ustanak 1804. i 1815, ratovi 1876, 1878. i 1912. predstavljali su napor za oslobođenje. Mi smo već rekli šta je značilo podizanje naših predaka u početku prošloga veka, podsećajući g. Le Bona na svoje pretke iz 1789. I nama je poznato njegovo mišljenje o ovom naporu njegovih predaka, nekorisnom, jer bi „požnjevena dobit po cenu tolikog rušenja bila zadobivena docnije, bez toga napora, prostim hodom civilizacije" (*Francuska revolucija — Predgovor II*). Ali mi ne možemo nikako da vidimo: kako bi, i kad bi naši stečeni rezultati bili mogući bez krvavih pregnuća naših predaka i prosto u očekivanju razvoja civilizacije, od koje tako daleko beše narod koji je gospodario. O velikoj Francuskoj revoluciji postoje, uostalom, mnoga i različna mišljenja. No mi smatramo da smo u potpunom pravu kad zahtevamo samo jedno: da se prema našim precima bude podjednako pravičan kao i prema Francuzima iz Revolucije. I ako se osudi deo, neka se osudi i celo; a ako se odobri uzrok, neka se odobri i njegova emancipacija. Zbilja, napor da se oslobodi jednog neuporedivo nesnosnog stanja, kakvo je bilo ono u kojima su se nalazili naši preci, može li se obeležiti jedino težnjom da se masakrira što veći broj neprijatelja? Pre g. Le Bona niko to nije tvrdio. Naprotiv, niko čak nije propustio da se tom naporu divi.

A šta dalje pruža ona istorija? Ona pruža 1885. Jesu li ovaj rat s Bugarima hteli Srbi? Odlučno je utvrđeno da ga nisu hteli. Njega je hteo njihov vladalac sa njihovim upravljačima. Pod kakvim uticajima i da li su oni bili u pravu, to ovde nije važno. Ali narod, niti je hteo rat, niti je razumeo njegovu potrebu. Godine 1883. jedan deo naroda beše u pokretu protivu jednog samovoljnog unutrašnjeg režima, koji ga je pritiskivao. Godine 1885, pred rat, ovaj narod je nezadovoljno ćutao. Iz toga vremena nije zabeležena nijedna javna manifestacija, makar i najmanje njegove grupe za rat. A kad je rat planuo, svesni pravog raspoloženja u zemlji, upravljači se čak nisu usudili da ceo narod u njemu angažuju. Poznato je, da je stalni kadar, pojačan samo nekim delom rezerve, jedino i sačinjavao tadašnju snagu koja se borila. Neposredno posle rata, koji je, uostalom, trajao vrlo kratko vreme, i baš iz razloga što narod ovaj nije hteo, vladalac je pokušao da abdicira. Sklonjen da tom prilikom odustane od svoje namere, on je abdicirao docnije, ali je razlog njegovog akta ipak ostao isti.

Ako ovaj njegov vladalac, ako kralj Milan to nikad nije mogao, njegov narod zaboravljao je postepeno Slivnicu; a dok je on nju zaboravljao, dotle su ga Bugari, onako isto kao Nemci Francuze posle Sedana, omrzli baš posle Slivnice. Naprezanja njegove inteligencije za bratski savez s Bugarima, i pored poznatog neverstva 1897, nastavljena su i behu osobito snažna 1904-1912, kada definitivno dobiše izraza. Na Jedrenu, iskreno ubeđeni u potrebu zajedničkog rada, Srbi su nemilice prolivali svoju krv.

Zaista, mi smo neizmerno bili ubeđeni: da je celome svetu dobro poznat 17. juni 1913, kada su Srbi, bez objave rata, mučki bili napadnuti na Bregalnici. Nije bilo Srbina u to vreme, koji je verovao u mogućnost jedne noći, kao što je bila ova 17. juna.

Kako su nam još u svežoj uspomeni dani, koji su joj prethodili. Vraćajući se sa pobedničkih marševa, ponositi sa viteških pobeda nad Turcima, mi besmo doznali o sporu koji je iskrsao. Ali nas koncentracija, koja je vršena na granicama našeg jučerašnjeg saveznika, nije mnogo zabrinjavala. Neverovatno nam je izgledala mogućnost da se spor ima raspraviti oružanom rukom. I, očekujući da se on raspravi arbitražom, koju smo tražili, mi smo mirno spavali one noći kad su iznenadno riknuli izdajnički topovi. Zaprepašćeni, i u nesumnjivom položaju pravedne odbrane, Srbi se tada ustremiše, u ime toga prava, s jedinstvenim poletom. A iz ovih krvavih borbi što su vođene, oni su izišli kao pobedioci i izneli obraz jednog retko humanog protivnika, čije ponašanje, u tom pogledu, i posle sviju svirepstava konstatovanih u velikom sukobu velikih naroda, nije trebalo da ostane neprimećeno. Ali iz ovih istih borbi, sa toga istoga razbojišta, poznata su svetu strašna svirepstva. Zna se o masakrima što su ih Bugari tada vršili, i poznato je kako su oni između Srba, sa kojima su se borili, tražili naročito one koje poznavahu sa Jedrena, da bi ih bez poštede sekli na parčad. Ova nedela poznata su, verovatno, i g. Le Bonu, koji bugarska zverstva uvek naročito ističe. Jedna samo stvar ostaje za nas neprekidno neshvatljiva: zašto g. Le Bon daje svima nama bugarsku ocenu; zašto on tako olako daje jedno generalno mišljenje o svima balkanskim narodima, koji se tako duboko razlikuju?

A da je samo hteo da baci jedan površan pogled na istoriju Srba i Bugara, morao bi uočiti: da je od mnogih ratova, što su ih ova dva naroda vodili, jedan jedini, onaj 1885, koji su Srbi objavili Bugarima, a koji oni nisu hteli, već njihovi upravljači; da je više srpskih vladalaca, u stalnoj težnji za mirom, i samo u interesu toga mira, stvaralo rodbinske veze sa bugarskim vladaocima, da bi i na taj način doprinelo dobrim odnosima sa jednim narodom koji je uvek bio mučen grozničavom strašću za borbom; da su srpski vladaoci, zatim, sa svojim narodom, potpomagali stvaranje bugarske nezavisnosti i da su, u nekoliko mahova, napadnuti od Bugara i pošto bi ih pobedili, praštali ovima i vraćali im osvojene zemlje; on bi se u toj istoriji morao zaustaviti na uzvišenoj ličnosti jednoga Rastka Nemanjića, koji beše ulagao najveći trud da se stvore što bolji odnosi prijateljstva između ova dva naroda sa raznim poreklima, raznim prirodama i različitim mentalitetima, i da je jedan od njih zbilja onakav za kakve je on uzeo sve balkanske narode, ali da drugi baš nikakve sličnosti sa njim nemaju. Ovi su se narodi masakrirali, to je istina. Ali je dužnost, pre svake osude, da se prouče dokazi o svačijoj odgovornosti, dokazi tako obilni, tako jasni, tako pristupačni, bar što se tiče novije istorije. Srbi nisu hteli ni rat od 1913. Kakva iluzija, kad smo verovali da je bar to bilo poznato celom svetu! Ove godine, Srbi su se branili; a u isto vreme oni su hteli da kazne jedno odvratno neverstvo suseda svoga, njegovu podmuklost i njegovu smešnu grandomaniju; njegovu sebičnost, neosećajnost, neumerenost i surovost; sažaljevajući neprestano njegovu nedoraslost da uvidi zajednički interes i potrebu bratske lojalnosti.

Godine 1913. merile su se zaista dve jedinstvene snage. U približno jednakim fizičkim moćima, ishod je odlučila moralna energija Srba, za koje je ovo krvavo pregonjenje značilo rivalstvo. Naš narod borio se tada kao takmac, viteški; on je hteo da pobedi, jer beše u pravu; on je hteo još da pobedi iz ambicije, ali ne iz mržnje. Sa ovom pobedom iz 1913. Srbi su se rado ponosili. Godine 1915, pred opšti napad na Srbiju, moral onih trupa, koje su sa raznih tačaka severnog fronta žurile za koncentraciju prema Bugarskoj, bio je nezapamćen. Ko je god, u to vreme, posmatrao naš narod, morao je biti ubeđen u njegovu nesalomljivost. Trebalo se tada, još jedanput, poneti s Bugarima; onim istim, koje on jedanput beše pobedio. Još sveže uspomene iz slavne 1913. činile su tako snažnim njegovo pouzdanje da se u uspeh, izgledalo je, nije smelo ni posumnjati. Ali pesma, s kojom je on hitao bugarskoj granici, a koja je umukla čim se doznalo o napadu sa svih strana, nije bila pesma koja je izražavala mržnju, već koja je značila ponos, plemenitu ambiciju i jedan pravedan gnev zbog ataka na slobodu, koja ga tako skupo beše stala, gnev protivu naroda za čiju se slobodu on beše borio.

U Bugarinu Srbi su nalazili dostojnog takmaca, u pogledu junaštva, i oni su to uvek priznavali. Mi najbolje znamo kad smo 1915. godine uzdisali: „Ah, da su Bugari sada s nama!"

Ali u pogledu mentalnom, ovi se narodi nisu razumevali. Oni se i nisu mogli razumeti. Jer Bugarin, to je komita. Taktikom komite on se služi u svima prilikama života: komita u borbi, komita u politici, komita u nauci, komita u privatnim odnosima. On sve radi podmuklo i iz zasede. Zaseda, to je sav njegov smisao, sva njegova snaga i moć. Mentalitet celog bugarskog naroda, to je komitski mentalitet. Bugarin predstavlja zver što se po nuždi privremeno pripitomila; zasad bez uslova za međunarodni i društveni život; bez časti, bez častoljublja, bez smisla za umetničko, za lepo, za ideal; on je nečist, neveran, nezahvalan, uobražen, bezdušan, drzak, drzak, drzak. U poređenju sa Arbanasom, ovaj drugi je beskrajno pošten i human. Njegov karakter, to je njegov temperament i ništa više od toga. On se nikad nije trudio da se stvori, da nadmaši instinkte svoje prirode; naprotiv, on se starao da ih razvije i ojača i on se vežbao da otvrdne svoje srce i da ga učini neosetljivim. On se odlikuje jednom specijalnom, animalnom strašću: da uživa i da se naslađuje pri najvećim mukama svoje žrtve. Poznat je primer koji je dr Rajs izneo na ocenu civilizovanom svetu, a iz ankete što je on vršio na onom delu oslobođene srpske teritorije u Maćedoniji. To je slučaj Vanka Gligorijevića, berberina iz Bitolja, koji je obešen za špijunažu. U izveštaju ove ankete, štampanom u jednom srpskom listu koji je izlazio u Solunu („Velika Srbija" od 26. IV 1918, br. 732) stoji: „Objektivna anketa utvrdila je: da je, zbilja, kao rodoljub, slao izveštaje saveznicima. Ali ako je trebalo da bude osuđen, našto je Nemcima i Bugarima bilo potrebno da prisustvuju, u velikom broju (naročito oficiri), vešanju; našto naterati ženu i decu Vankovu da gledaju smrtne muke njegove, zašto je Bojadžijev udario kamdžijom ćerčicu Vankovu, kad je klekla pred njim moleći za milost oca, zašto su se pred takvim scenama oficiri... smejali slatko? Presuda se može primiti, ali način izvršenja?... (autentično dokumentovan)". A zatim produžava (br. 673, od 27. IV): „Oni imaju maniju da reprodukuju mračne i strahovite slike svoga varvarstva na dopisnim kartama: serija takvih karata je nađena kod nemačkih i bugarskih vojnika ispred Bitolja, na frontu srpske vojske. Na svima su naslikana vešala naših podanika, u svima njihovim fazama. Na mnogim lica prisutnih neprijatelja pokazuju veselost i zadovoljstvo pred tim vešalima." I dr Rajs pita:

„Zar se u vašim školama ne uči poštovanje prema smrti i onda kad je ta smrt i najgorih zločinaca?... Pravi uzrok ubistvima u srpskoj zemlji, koju pregaziše Bugari i Austrijanci, to je mržnja protiv svega što je srpsko... Bugari i Austrougari, kao što će se videti iz svih ostalih Glava", veli se tu, „imaju samo jedan cilj, uništenje omrznute im rase ili, bar, oslabiti je toliko da nikad više ne bude mogla biti opasna po njihove imperijalističke i ugnjetačke države. Sve su im prilike dobre i zgodne da zadovolje svoju nezajažljivu mržnju prema srpskom elementu, koji privremeno podjarmiše."

Radi potpunosti, iznećemo još zaključak izveštaja međusavezničke komisije o njihovim zločinima što su počinili u Srbiji, za vreme okupacije, a koji je izveštaj publikovalo Ministarstvo inostranih dela: „Bugarska nedela u Srbiji izlaze iz okvira povreda međunarodnog prava. To su prosti zločini — ubistva, zlostave, samovolja, nasilna lišavanja slobode, pljačke, ucene, paljevine itd. Ceo bugarski režim nosi neosporno kriminalni karakter... Antisrpska politika bugarske vlade izvođena je od njenih područnih organa sa jednom bestijalnom brutalnošću i sa jednim rafiniranim zverstvom, koje graniči sadizmom. Svi užasi najstrašnijih perioda ljudske istorije, za koje se mislilo da se neće više nikad povratiti, živeli su ponovo u onom delu Srbije kroz koji su prošli Bugari. Tu su se ljudi ne samo ubijali a žene silovale, nego su bile primenjene sve vrste torture i praktikovane sve vrste sadizma, počev od turskog nabijanja na kolac, pa do kanibalskog pečenja na vatri — počev od silovanja majke u prisustvu kćeri i kćeri u prisustvu majke, pa do puštanja psa na žene i unakažavanja polnih organa."

Jedan beogradski list, koji je izvod ovog izveštaja i doneo, propraća ga ovako: „Nemoguće je, razume se, ovde navesti sve pojedinosti, koje još bolje bacaju svetlost na ova zločinstva, a kojih je knjiga puna. Ali još strašnije, možda, no i sama ova zverstva, to je činjenica, koju ova knjiga utvrđuje, da su njih vršili ne pojedini nevaljalci, nego ceo bugarski narod, vlada kao i komite, oficir kao i vojnik, i najviša i najniža vojna i civilna vlast, da je njihov vinovnik sam duh te sredine, koji je stvorio jedan od najsvirepijih sistema za borbu protiv pobeđenog. I knjiga sasvim konsekventno zaključuje, kad posle svih navoda i primera, završuje ovako: 'To pokazuje kod Bugara ne samo jednu divlju zločinačku mržnju prema Srbima ponaosob, nego još jednu sposobnost za takvu mržnju uopšte. Civilizovan svet ne može ostati prema tome ravnodušan. Jedan narod sposoban u toj meri da mrzi, i tako neobuzdan i besomučan u svojim izlivima mržnje, predstavlja opasnost za sve svoje susede, a sramotu za celo vreme u kome živi. On je zaslužio jednu primernu kaznu, i to što strožu, jer ga samo ona može osvestiti, da se u današnje vreme zločini i nečovečnosti više ne isplaćuju.'"

Rumuni isto tako misle o njima. Bivši rumunski narodni poslanik g. S. Kseni napisao je, između ostalog, u organu francuskog ministra predsednika („Slobodan čovek", br. 645) i ovo: „Mi Rumuni", veli on, „poznali smo, nažalost, dobro svoje susede. Narod mračan, lišen svakog osećanja, tvrdoglav, pohlepan. Nalazi se i nalaziće se još zadugo na onom primitivnom stupnju civilizacije, na kome preovlađuju, u prvom redu, najsvirepiji instinkti. Posle tri, četiri veka možda će se tek kod te azijatske rase naići na evropske osećaje, ali sada ćete ih uzalud tražiti."

Da bi se videla duboka razlika među mentalitetima Srba i Bugara, navešćemo poznatu pesmu Ivana Arkandeva, koju je preštampao „Le Goloa" u svome broju od 7. VIII 1917. god. i, radi toga poređenja, pustićemo pored nje jednu od pesama našeg pesnika Milosava Jelića, aktivnog srpskog oficira. Arkandev peva:

Sunce se diglo na vidiku crvenom od krvi neprijateljske. Što čekaš, o Bugarine mladi? Visoko, visoko digni ruke, da ti ih sunce svojim krvavim zrakama blagoslovi. Zatim, zarij ih u utrobu kakve žene mlade... da ti sunce zavidi na kraljevskom purpuru. Sa rosnim mirisima što ih zora diže u čast kralja neba, učini da se digne miris krvi drage bogovima. Napred, Bugarine mladi, uvek, uvek napred!

Pre nego što se dnevna zvezda uzdigne sedam aršina na nebo, neka jezero krvi ispod tvog mača naraste na sedam aršina. Gle, bednog starca gde vuče za sobom svoju jadnu starost, on hoće da prevari smrt i tvoj polet da zadrži. Pregazi ga nogama svojim, iskopaj mu viljuškom mutne oči, jer nisu dostojne da gledaju veličanstvo Bugarske, daj mu ih da ih prožedere, jer tri dana nije ništa jeo ni pio. Šta čekaš, Bugarine mladi? Napred, uvek, uvek napred!

Ćilimovi od velurskih tela žena i dece mekši su od aprilskog busenja. Pij najpre rosu njinu, ushiti dušu tvoju slatkim plodom mladosti njihove, a zatim, pijan od junaštva i sladostrasti, razbacaj ih kô ništavne stvari i prođi, kao po kraljevskom ćilimu. Provali kopitom tvoga konja grudi lepih žena, da usahne mleko koje doji naše neprijatelje. Što čekaš, Bugarine mladi? Napred, uvek, uvek napred!

Sine oluje, budi kô otac tvoj svuda kud ideš. Da ne ostane kamena na kamenu, da se nijedno dete ne raduje na grudima svoje majke, da se nijedan starac ne opire o rame svog unuka. Lobanje im baci gladnim psima, što se grozno oblizuju, noću, njušeći tvoj dolazak, a duše njihove u pakao, u veliki ponor, koji prožedire svaku dušu, koja je nedostojna da digne oči ka sjaju bugarskog sunca.

I pre nego svane dan božiji, da na ruševinama, koje si ti posejao, budu samo kosturi i aveti, a k nebu da se dižu samo mirisi spaljenih tela, koji su mili bogovima bugarskog Olimpa.

Napred, uvek, uvek napred!

Gledaj! Još se jedan dimnjak puši, lonac ključa na vatri, gladna jedna usta čekaju hranu. Stidi se! Zar ne znaš, da čim si stupio nogom ovde, da druge hrane ne sme biti za tvoje neprijatelje, do zemlje, koju će u samrtnom ropcu zagristi? Načini buktinju od starih tela i zapali je poslednjim žarom sa ognjišta, zapali kuću sa sve četiri strane, da mesta, koja si svojim dolaskom posvetio, budu posle tebe samo prah i pepeo. Bugarski Bog širi nad tobom kao štit svoje medveđe krzno. Ne boj se ničeg, Bugarine mladi!

Napred samo, napred!

Jelić peva:

- Radomir Aranđelović -
Doć' će opet dani nasmejani,
Biće kraja i jadu i tuzi,
Po polju će klasat' kukuruzi
I žita se nihati u strani,
Kruniće se cveće sa šljivika
U cik jutra, kad zora zaplavi:
Propojaće zvona sa zvonika,
A u školi deca svetom Savi,
Zatreptaće ushit iz nedara,
Igraće se sunce kroz branike...
Samo mati kad vidi vojnike
Zasuziće preko naočara,
A nemirni njeni mališani
Pitaće se: „Šta je opet nani?"
Uvek priča iz bugarskog rata.
Uvek ista zamuknula mukom:
Govedarnik, na koga je tata
Jurišao s prekobrojnim pukom.
Lom i jauk. Nož sjajan nataknut,
Izbezumljen u čovečjem mesu
I komandant isečen u besu;
Pamtiće se kako je puk smaknut,
Zanosio potpukovnik Raša...
I deca će saslušati nanu,
Pa sunčanu odletiti danu,
Jer kraj puta i iznad popaša
Leptirovi sa šareni krili
Po proletnjoj upliću se svili.
Tek u iskre razumnoga časa

Pitaće se s ozbiljnošću ljudi:
Zašto naša plemenita rasa
Srce živo da zgori u grudi
I što smelog i pametnog tatu
Da izgube u divljačnu ratu?

Umesto da preporučuje osvetu, eto kako se srpski pesnik Jelić, vojnik od detinjstva, pita sa potomcima potpukovnika Aranđelovića, koji sa svojim pukom pomagaše Bugarima na Jedrenu i koga oni na Govedarniku isekoše na komade.

Godine 1914, posle Drugog balkanskog rata, mi smo, u jednoj istinitoj priči pod naslovom *Packo* (nagrađena na konkursu „Politike" 1914) opisali jedan jezovit događaj, koji se odigrao po svršetku jedne krvave borbe na Vlasinskim visovima u julu 1913. i koja veoma jasno ilustruje duše ova dva naroda. Jedan mali vojnik iz 10. pešadijskog puka, koga drugovi iz milošte zvahu Packo, beše, na bojištu, našao leš bugarskog podnarednika iz okoline Ćustendila, po imenu Kasanov. Bila je gusta magla i Packo, bolećiv, poduhvati se da pod zaštitom ove magle sahrani mrtvo telo mladog bugarskog podnarednika, svoga neprijatelja. Bugarske predstraže nalažahu se tada dosta blizu, na nekoliko stotina metara od mesta, jednog malog i golog ćuvika, gde je poleđuške ležao podnarednik Kasanov. Pošto ga je lepo ukopao, mali Packo izdelja tada jedan krst i upisa svojom samoukom rukom ime podnarednika, koje beše doznao iz njegovog beležnika. Baš u tom trenutku kad on, umoran i znojav od žurnoga rada, pobijaše ovaj krst više glave poginuloga, magla se podigla. Bugarski vojnici mogahu tada, sa svojih mesta, lepo videti Packa i dobro raspoznati čime se on zanimaše. Ali ih ovaj plemeniti posao nije uzdržao da propuste zgodnu metu, koja se pred njima beše ukazala. I kako je Packo, uveren da ga u ovome hrišćanskom poslu niko neće uznemiravati, stajao sasvim otvoreno, jedno zrno iz puške drugova onoga, prema kome je on bratski postupio, pogodi ga posred srca. Kad se magla ponovo spustila, i dok su haubice grmele u daljini, mi nađosmo jadnog Packa mrtvog i sa rukama raširenim oko onog istog krsta, koga on beše tako pobožno sadeljao jednom neprijatelju, koji je pripadao narodu tako podlom. Ali on je takav, on je neizmenljiv i tu je g. Le Bon potpuno u pravu. Iz ovoga što ćemo niže izneti videće se kakav je on prema svojim drugovima, prema svojoj braći, prema svojoj rođenoj domovini i narodu. „Na kraju razgovora", piše jedan ratni dopisnik na Solunskom frontu, „major, koji je imao prilike da sasluša veliki broj bugarskih zarobljenika, izjavio mi je da oni čine sasvim drugi utisak nego Nemci. Da bi nam se udobrili, oni i bez pitanja počinju da grde sve što je bugarsko, počevši od kralja Ferdinanda i Radoslavova, pa do svoga vodnika i desetara. Ništa im u Bugarskoj ne valja: narod je u oskudici svake vrste; vojska na frontu gladuje i buni se; Nemci izvlače iz zemlje sve što ima i malo plaćaju; revolucija je na pragu; Bugarska mora da propadne itd. Odnosno podataka o bugarskim i nemačkim trupama, bugarski zarobljenici takođe rado govore sve što znaju i izgleda da su srećni kad mogu da kažu kakav podatak, koji će moći naškoditi njihovim drugovima koje su ostavili. Tako npr. oni preporučuju gde i kad treba da gađa naša artiljerija pa da dobro tuče bugarske vojnike u rezervi ili za vreme smene; oni tačno pokazuju na licu mesta gde se nalaze njihove baterije ili mitraljezi; oni kazuju kakve planove imaju bugarski komandanti i kakve se pripreme vrše na njihovim položajima i u pozadini. Jednom rečju, oni se staraju svima silama da nam se udvore i udobre, ne vodeći računa što će moći da napakoste njihovoj braći i drugovima..."

Al' govori stari Vujadine:
Ne ludujte, Turci Lijevljani!
Kad ne kazah za te hitre noge,
Kojeno su konjma utjecale;
I ne kazah za junačke ruke,
Kojeno su koplja prelamale

I na gole sablje udarale;
Ja ne kazah za lažljive oči,
Koje su me na zlo navodile...

Nikad, zaista, nikad, mi smo beskrajno uvereni, zarobljeni Srbi, jedan narod ovako slavnih tradicija, nisu mogli onako postupati kao Bugari. A zbog onih odlika, potomci Bugara možda će se grozno stideti svojih predaka. Izgleda nam, da svirepija kazna ne bi mogla da postigne jedan narod... Mi ćemo, međutim, uvek iskreno priznati: da se, zbog onog bugarskog mentaliteta, koji je onemogućavao jedan zajednički, složen život, osećala primetno jedna nota tuge u našem narodu.

Drugi balkanski rat, dakle, daleko od toga da je, kao posledica mržnje, komplot srpsko-grčki da bi se smoždio jučerašnji saveznik, kao što predstavlja g. Le Bon, može se bolje objasniti onim istim njegovim omiljenim i tačnim tumačenjima kad je reč o nemačkom narodu, mističnim iluzijama, koje bugarski narod zanošahu da veruje: kako je Bogom izabran da dominira Balkanom. Svojim ratničkim temperamentom i ovakvim iluzijama on je, možda, najviše doprineo: da Balkan vidi i doživi ratove, koje, verovatno, nikad ne bi doživeo i video po ostalim narodnostima koje ga naseljavahu.

Eto time, čini nam se, mogli bi se objasniti uzroci nesloge balkanskih naroda i njihovi međusobni odnosi. Ali psiholog, koji bi se, sa jednom ravnodušnošću koju mu preporučuje g. Le Bon, razlikujući ga tako od moralista, trudio da marljivo i bez uzbuđenja tumači i proučava činjenice, ne bi ipak mogao biti izuzetno strog u pitanju ovih odnosa među balkanskim narodima. On ne bi mogao, pošto bi ove činjenice upoznao, govoriti o „nepopravljivim populacijama", jer u njihovim odnosima ne bi našao ništa izuzetno, ono što se ne bi moglo naći u ljudskim odnosima uopšte i svuda. Francuska, gde živi jedna ista rasa, sa istovetnim tradicijama, sa, uglavnom, istim aspiracijama, pružala je primere jedinstvenih nesloga, o kojima ne propušta da govori g. Le Bon. Ima li čega čudnog onda, što se ta sloga nije mogla postići između raznih rasa, na nižem stupnju civilizacije, sa različitim tradicijama, nejednakim mentalitetima i suprotnim aspiracijama; i iz čega bi se to moglo zaključiti da su one zato bez smisla za civilizaciju i nepopravljive? Onako isto kao što je mir Zapada bio nemoguć usled ratničkih mentaliteta pojedinih naroda što tamo žive, tako je mir Balkana bio nemoguć, prvenstveno, zbog ratničkog mentaliteta Bugara.

A istorija Srba, naprotiv, značila je: ne mržnju jedne rase protiv drugih; već težnju, ideal jedne rase za slobodom i da se ona očuva.

3

Jesu li Srbi ratnički narod? — Srbija pred poslednjim ratovima. — O heroizmu uopšte i u čemu je heroizam Srba.

G. Le Bon, kao što smo napred rekli, dao je nama i Bugarima jednu istu ocenu. To je samo tako moglo biti, čini nam se, što je on ova dva naroda upoznavao čak iz Mostara, gde su mu pričali: kako ovamo ljudi za života jedni drugima deru kože. G. Ernest Deni, koji nije žalio truda da bi nas upoznao, kao i mnogi drugi, nigde se nije složio sa g. Le Bonom. Čak jedan mlađi čovek, njegov zemljak, koji, istina, kao autoritet ne znači ono što i g. Le Bon, g. Pjer de Lani, požurio se bio da nas upozna izbliže i zato što nas je gledao iz blizine on je odmah uočio: „Kad sam se, izlazeći iz Srbije, u punom jeku balkanskog saveza, obreo kod Bugara, ovi me nisu mogli zadobiti. Ukoliko mi Srbi izgledahu fini, utoliko ovi surovi, predstavljajući, uostalom, sve crte jedne sasvim različne rase, kako po svojim poreklima tako i ukrštanjima nepoznatim, u tom stepenu, planincima Srbije, i ja sam odmah razumeo da se Jugoslavija svršava na bugarskim granicama" (*Jugoslavija*, strana 70-71). Ali nije g. De Lani jedini koji je to uočio, i mi smo čak uvereni da se sa onom ocenom g. Le Bona nikad i sami Nemci, kojima se dovoljno dalo prilike da dobro upoznaju oba naroda, ne bi mogli složiti.

Oni su krvoloci, veli g. Le Bon, njihov je ideal da se međusobno dave. Da li je tako? Posle balkanskih ratova i poznijih slavnih pobeda srpskog naroda, reklo se: da su Srbi jedan ratnički narod. Ovo je pogrešno. U Evropi, mi smatramo, ne postoji više nijedan narod koji bi imao kulta za rat; čak i Turci nisu više ratnički narod.

Srbi nisu ratnički narod. Istina je: da se njihovo srce uzbuđivalo pri pomisli na staru junačku prošlost njihovih predaka i na nove, eventualne nacionalne podvige; i tačno je: da je vaspitanje pomagalo da se ono uzbuđenje pojačava i atavizam tako pothranjuje. Vaspitanje ih je podsticalo da se privremeno zagrevaju za slavne pobede i nadom za slavne pobede, da čeznu za njima i da pomišljaju na rat. A to je naređivao nacionalni ideal i nesvršeni nacionalni posao. Ali ovo uzbuđenje nije bilo jedno stalno stanje. Pošto su jedanput izborili slobodu, Srbi nisu ovu smatrali kao sredstvo da borbu nastave radi borbe. Ta sloboda bila je njihova potreba, oni su je hteli da bi mogli da rade, oni su je hteli da bi mogli slobodno da rade.

Oni nisu po prirodi narod osobito borbenog karaktera, pravi ratnički narod, kao što to tvrdi čak i g. Cvijić (*Geografski i kulturni položaj Srbije*, str. 14). G. De Lani, koji je pokazao dosta dobre volje da nas upozna, nije, znači, u ovom pogledu uspeo kad je, približujući se jednom prilikom Srbiji, rekao: „Beograd se primiče. Ja ću, dakle, ponovo videti narod i vojnike Srbije, one koji vole mučne borbe" (*Jugoslavija*, str. 66). Ali on i sam veli: „Ja sam poznao Srbe u ratu i slušao jedino njihove političare i ljude od akcije...", i nigde nema onih pretenzija g. Le Bona.

Jedan ratnički narod hoće borbu kao zanat, jedan takav narod ima težnju da u borbi živi, hoće ovu, takoreći, stalno. Otkako se zna za Srbe, oni nisu bili jedan takav narod. Oni su se mnogo borili, to je istina, ali su morali i mnogo da se bore i da dugo drže pušku u ruci. Njihov život nije bio život naroda koji je osvajao, već život naroda koji se oslobađao. Oni nisu izazivali, nego su izazivani; oni nisu prinuđivali, već su primoravani da se bore i da se brane. A kad su jedanput zadobili slobodu i poznali njen značaj, Srbi su zavoleli rad. Oni su od tada, relativno, vredan narod. Otkud je moguće da jedan vredan narod, kad je skroman i bez osvajačkih ambicija, voli rat? Ratnik je onaj koji voli rat. Ratnički narod, to je onaj narod koji voli rat. Srpski narod beše vredan narod koji je voleo rad, što znači da on nije narod koji je voleo rat i mučne borbe, da nije ratnički narod. Mi smo negde pročitali, ne možemo da se opomenemo gde, ovu vrlo tačnu opasku: da ima naroda koji povremeno manifestuju trenutke energije, dok su u osnovi lenji. Narodi necivilizovani, kaže se tu, nemaju odvratnost prema velikim naporima, već prema stalnom, sistematskom radu, koji, na kraju krajeva, i troši mnogo više snage; da lenji narodi, ukratko, lakše podnose ratne štrapace zato što ih posle čeka dug odmor i dug nerad. Iz ovoga izlazi: da je potrebno obazrivo činiti razliku između raznih naroda koji stavljaju svoju snagu i energiju u ratu, između heroizma što se u njemu manifestuju. Srbi nisu lenj narod, da bi se mogli ubrojiti u one koji povremeno manifestuju trenutke energije. Ali se oni mogu uvrstiti u one koji povremeno pokazuju trenutke lenjosti tj. povremeno zadobijaju želju da napuste redovne radove i promene život; tu želju, uostalom, pokazuju, bezmalo, svi narodi, a ta želja je iluzija: da je rat izvestan odmor, koji ubrzo gasi uviđanje da ni najmanje nije onako kao što se tu očekivalo. Srbi nisu borben narod.[1] U svom unutrašnjem životu, u više mahova, oni su se bunili. Oni su se bunili uvek, kad su njihovi vođi nalazili za potrebno da se

---

[1] Sedamdesetih godina, napadajući birokratski sistem liberala, Svetozar Marković pisaše: „Kod tolikih ustanaka za oslobođenje, što se zbiše u poslednje vreme na Balkanskom poluostrvu, narod srpski u Kneževini ostade nepomičan, kao da se to njega ništa ne tiče. Birokratska sistema uspela je da uguši u njemu svaku ličnu inicijativu. Neka se sravni sa ovim lična energija i preduzimljivost grčkog, vlaškog i samog bugarskog naroda za svoje oslobođenje, pa da se vidi kako su duboko pali potomci Karađorđa i Miloša" (*Celokupna dela II*, str. 35-36).

reagira. Marka njihovog intelektualnog temperamenta, uostalom, to je povodljivost. Ali, da li su se tu u čemu oni osobito razlikovali od ostalih naroda? Da li su oni izuzetno buntovnički narod, kao što se to ranije često u inostranstvu isticalo, jedan narod koji voli da je stalno na puški? Mi ne možemo da vidimo nikakav razlog za to tvrđenje. Svi oni revolti niti su bili strasni i fanatički, niti su značili opšte i permanentne narodne ustanke. Naprotiv, to su bili ograničeni incidenti prouzrokovani agitacijom jedne uvređene inteligencije ili narodnih vođa animiranih slobodoumnim idejama. Doista, da je režim Aleksandra Obrenovića besneo u Francuskoj, on bi tamo, posigurno, podigao ceo celcat narod. Je li on bio podigao sve Srbe? Je li atentat od 29. maja 1903. bio delo narodnih ruku? Očigledno je, da ovaj događaj nije njegovo preduzeće. Nezadovoljan vladavinom svoga kralja, narod je tada s tužnim srcem gledao svoja posla i upirao svoj pogled na inteligenciju. Kad je ova jedanput presekla nesnosan režim, on joj je odobrio postupak; ali sam, on se nikad nije osećao kadar i pozvan da proliva krv svoga vladaoca.

Pa kako se onda može razumeti borbenost i heroizam Srba, koji nisu voleli rat i mučne borbe, koji nisu voleli pobune i koji su u ratovima balkanskim i posle, u velikom svetskom sukobu naroda, ipak zauzeli jedno od prvih mesta i stekli nepodeljeno priznanje besprimerno hrabrog naroda. Šta je značio ovaj njihov heroizam, u čemu je to bila njihova snaga?

Pre svojih poslednjih ratova, Srbi su živeli u veri, u optimizmu, u relativnoj ugodnosti. Sumnja, pesimizam, velike bede Zapada, behu im nepoznate. Tiho i harmonično, uglavnom, tekao je njihov skroman život pored onog drugog hučnog, vrlo ubrzanog, punog vrtoglavice; u kome su vladale najveće materijalne razlike među ljudima, duboka provalija u njihovim težnjama i osećanjima, nesnosna društvena disharmonija, jednom rečju. Taj život beše, istina, otpočela da mrači jedna strast. Strast koja beše otpočela da mrači taj život beše mržnja. Mržnja, to je ona strast koju smo mi stali da poznajemo u našem unutrašnjem, partijskom životu. Mi smo ratovali sa šest raznih nacija i nijednu od njih nismo mogli mrzeti, a hteli smo da se između sebe omrznemo. Nama priroda nije bila podarila onu strast, ona beše strana našoj duši. Ali mi smo bili otpočeli da se veštački mrzimo. Mi smo bili uobrazili da je to čak potrebno i u višem interesu. I tako nas je ta strast stala da razjedinjuje, da nas truje svojim otrovom. Pomirljivost se smatrala kao poltronstvo. Da bismo se ujedinili u ovoj mržnji, mi smo nastali da se tuđimo u familiji i porodici; da bismo zadovoljili jedno veštačko osećanje, mi smo u sebi ubijali jedno prirodno osećanje. Tako, mi smo išli na to: da jedno od najlepših osećanja zamenimo najodvratnijom strašću, koja nam nije bila svojstvena. Izgledalo nam je, u jedno vreme, da se politika bez mržnje ne da ni zamisliti. Mržnja, to beše pričešće, koje smo mi bili dužni uzimati pre stupanja u onaj život i, prema tome, svaki ko bi ovaj otrov odbio da primi, smatran je bez smisla za taj život. Ko je god hteo lakše da živi, taj je trebalo da nauči da mrzi. Mi smo svi bili očevici kako se u našoj zemlji pojavljivahu profesionalni agitatori mržnje. Oni su je sejali u štampi, u administraciji, u školi, u vojsci, u porodici. Oni su njome dojili i opijali čak i decu. I kao u Francuskoj „videlo se da se javljaju ljudi kojima, izgleda, inteligencija služaše samo da lažu, a srce samo da mrze" (Poenkare, *Poslednje misli*, str. 256). Ovi profesionalni sejači mržnje, koji su u mnogo slučajeva bili ubeđeni da je dobro ono što rade, razoravahu ovaj narod, koji se odlikovaše jedinstvenim moralnim zdravljem. Pa ipak oni nisu mogli uspeti. U jednom narodu, u kome se druga zdravica o slavi napijaše komšiji, zemljište za ovo seme mržnje beše neplodno, nerodno. Sloga je preovlađivala. Ako je prenaseljenost u nekim okruzima izazivala sporove oko imanja i izvesna krivična dela, to još ni izdaleka nije predstavljalo kakvu ozbiljniju opasnost. Srbija pre ratova bila je jedno selance Evrope, jedno selo originalno i prosto, odvojeno ali dovoljno spokojno; u njemu se jedva nešto znalo o onom drugom, složenom životu napredne Evrope, civilizacije i luksuza, bede i nespokojstva, zavisti, gušenja, bolne rezignacije i suptilnih bolesti.

Srbi su bili fizički zdrav narod; oni su, dakle, imali zdrav duh. Zdrav duh, to znači smeo, preduzimljiv, odvažan duh; zdrav duh, znači, u isti mah, jedan jasan i istrajan duh. Ovaj duh nije bio vrlo podložan religijskim, kosmopolitskim i anarhističkim uticajima. On je predstavljao jedan eklatantan primer čistog nacionalističkog duha, ničim neizopačen, ničim nepomućen. To je bio duh koji je, uglavnom, i sa opravdanih razloga, bio zadovoljan samim sobom; to znači dovoljno uravnotežen. Skoro, ukoliko je to moguće da čovek bude nezavidljiv i nezloban, on je to bio; on je to bio, prvenstveno, zbog vrlo povoljnih socijalnih prilika u kojima je živeo; zbog, bezmalo, potpunog odsustva društvenih razlika u zemlji, kao i zbog toga što nije imao prilike da se upoređuje sa drugim. On se, možda, poredio sa svojim precima i uviđao da je od njih stajao nesravnjeno bolje. Da je pak, bio u prilikama da se poredi s drugim narodima, on bi, utoliko pre, imao da bude zadovoljan svojim stanjem. Ovaj duh, najzad, nije nikad bio pohlepan, on ni najmanje nije pripadao onima što su mučeni žeđu za preteranim bogatstvom. Jednom rečju, on beše umeren duh, zdrav duh, koji zna šta hoće i kao takav uvek pristupačan jednoj jasnoj ideji. Kad govorimo o ovom duhu, razume se, mi stalno mislimo na seljaka, onoga što „upoređen sa našim komersantom kao i sa našom inteligencijom, odskače za nekoliko kopalja nad njima". Jer „u svemu on je od njih viši: i kao moral, i kao etika, i kao čisto srce i prava duša, i kao sigurna pamet. To je među našim nediferenciranim klasama čisto suvo zlato iz koga se da kovati šta se hoće" (B. Lazarević, *Naš seljak*, „Zabavnik", br. 4).

Mi smo napomenuli da Srbi nisu veoma religiozan narod. I ono što je najmanje tačno, to je: da je religijsko verovanje igralo prvenstvenu ulogu u njihovim akcijama. Ko god ovo tvrdi, taj govori bez ikakvog poznavanja o Srbima. Svi oni, naprotiv, koji su pisali o njima a poznavali ih, isticali su njihovu jedinstvenu versku trpljivost. Uostalom, moglo bi se jednom rečju reći: da onaj verski antagonizam koji su, u modernom veku, poznali narodi na jugoistoku Evrope, beskrajno bledi pred onim koji je, u isto vreme, upoznao Zapad. Nepristrasni među nama i danas priznaju da čak ni Turci ne mogu biti, u tom pogledu, žestoko osuđeni. G. De Lani bio je sasvim obavešten, kad je konstatovao: da „jugoslovenska istorija ne poznaje primer religijskog konflikta u pravom smislu reči, jer sve što je uzimalo takav karakter beše u osnovi političko i nacionalno neslaganje" (*Jugoslavija*, str. 133). Istina je, da se njihovi preci u početku prošloga veka behu podigli „za krst časni". Ali ta borba značila je prosto borbu za odbranu njihove vere, ukoliko je ona bila gonjena u cilju uništenja srpskoga imena; ona je značila borbu da bi se slobodno verovalo i da bi se tako očuvalo nacionalno ime. Religijsko i nacionalno zaista je značilo jedno isto i utoliko je ona borba imala versko obeležje. Ali nikad Srbi nisu težili da ma kome drugom nametnu svoju veru.

Za Srbe religijsko osećanje značilo je jedno žensko osećanje. Oni su iskreno smatrali da nije dovoljno muški biti jako okupiran onim osećanjem i oni su bili neprijemčivi za svaku religijsku hipokriziju. Uostalom, da se njime zabavljaju, oni su to ostavljali za svoje stare godine i o praznicima. Oni su, ukratko, više voleli da misle o životu s ove strane, nego o životu s one strane; njih se slabo ticalo kako će drugi o tome za sebe misliti, i može se reći: da se oni nisu baš mnogo pribojavali nepoznatoga. Međutim, to nikako ne znači da su ga oni poricali. Naprotiv, istina je: da su oni duboko verovali u Proviđenje, samo što nisu bili skloni da se sa nečim što je neosporno mnogo zanimaju; oni su bili deisti, precizno po onoj definiciji E. Fagea (*Problemi politički*, str. 95).

Jednom jasnom duhu, kao što je bio njihov, oslobođenje braće koja su robovala bila je jedna razumljiva stvar. Kad su jednoga dana bili pozvani na oružje, oni su se istinski osetili uzbuđeni. To uzbuđenje, sa svima svojim manifestacijama i posledicama, jeste ono što se zove oduševljenje. Jedan zdrav duh zaista se bio zdravo oduševio.

Heroizam je zdravlje na prvom mestu, i nije potrebno na tome se zadržavati. Legendarni junaci, to su ljudi herkulovske snage. Ovaj narod imao je herkulsku snagu. „Srbin je fizički veličanstven i od njihove seljačke snažne rase oni podižu ovu vrstu osobitih boraca", pisao je g. Polar, koga smo napred naveli i koji je video Srbe posle dugogodišnjih ratnih napora. A imati herkulsku snagu znači: imati veru u svoju mišicu, u svoju nadmoćnost, u sebe. Ta neumorna seljačka mišica, koja je u običnom životu savlađivala sve napore, nije znala ni za sumnju ni za strah. Kad je ostavila plug i dohvatila pušku, njoj se učinio ovaj novi alat igračka. I tako se nacionalna energija, udružena sa ponosom tradicije, beše uputila ka pobedi. Dve strašne sile bile su se spojile.

Heroizam, to je skromnost, na izvestan način. Mi ćemo izneti jedno tvrđenje koje nam niko ne može osporiti, a to je: da od sve one vojske što se nalazila na Solunskom frontu, nijedna nije dočekala zimu 1917. sa više mirnoće i spokojstva i sa više vedrine čak, nego što je nju dočekala srpska vojska. Svi su s čuđenjem tada tražili da objasne: otkuda to da se jedna vojska, koja u ratu dočekuje jednu zimu više od ostalih, pokazuje osetno zadovoljnijom od ostalih?

Tek pred zimu 1917. srpski je vojnik doživeo da približno stane sa drugima u pogledu svojih prava; tek tada otpočelo se od njega zahtevati samo ono što se smelo tražiti od čoveka i tek u to vreme on je osetio pažnju koja se duguje čoveku. Pre toga, od njega se uvek zahtevalo više nego što se imalo prava tražiti i njemu se nije činila ona pažnja, koja mu se dugovala. Nikad ranije on nije pitan, a možda je tako moralo da bude, može li on ono što se od njega traži, i nikad ranije ovaj čovek nije smeo misliti da pored svojih dužnosti ima i svojih prava. On je tvrdo bio uveren da su u ratu moguće samo dužnosti.

Godine 1913, u jednom ratu koji je došao neočekivano, on je bukvalno bos stajao na predstraži i vodio najkrvavije borbe. Zato što ovaj rat nije bio predviđen, on je verovao da je to njegova dužnost da se bori bos i nikad nije protestovao.

Ali još 1912, u ratu protivu Turaka, on se katkad, po nekoliko dana, borio bez mrve hleba, i opet se nije ljutio. On je tada rezonovao: rat, to je svakojaki napor; rat, to je posao koji treba dobro svršiti, i zato ću ja jesti kad se posao svrši, i ja ću se obuti kad delo bude uspelo.

Godine 1914, bolestan, on nije poznavao svoje pravo da se leči, već je znao svoju dužnost da se tako bolestan bori. I zato što beše svestan da brani krvavo stečene tekovine predaka i svoje, on se, neizlečen, i još krvavih rana, vraćao na bojište da tamo zadobija nove. I tada je to činio bez roptanja.

Godine 1915, nešteđen, on je verovao da ga je nemoguće štedeti, da tako mora da bude, da bi se spaslo. On je grozno trpeo i u svakom pogledu, i on beše ubeđen da se mora trpeti; on je istrajno trpeo, i on beše ubeđen da je potrebno istrajno trpeti; i u tome je njegov heroizam. Njegov heroizam, to je njegova velika duševna snaga i izdržljivost. Njegov heroizam, to je njegovo sasvim razvijeno osećanje dužnosti, to je odricanje od većine svojih potreba, to je kult dužnosti, to je život koji se samo iz njih i sastoji; to je dragovoljno uzdržavanje i to je odanost jednom velikom narodnom poslu do potpunog samoodricanja.

U zimu 1916, govorilo se, da će se on, beznadežan i obhrvan strahovitim duševnim patnjama, pobuniti. Te iste zime, on beše dobio malo ćumura u svoje rovove, plitke do kolena. Ali to on nikad ranije nije imao. Šćućuren oko one šake ugaraka, on je, u tim rovovima, preturio još jednu zimu i razočarao sve one, koji mu nisu dovoljno poznavali dušu; onu dušu, koja se bila raskravila na onoj malenoj toploti pažnje što mu je milostivo bila ukazana.

A 1917. još veća pažnja raznežila ga je sasvim. U dubokim, dosta osiguranim rovovima, on se osetio relativno zaštićen; njega, koji je ranije rasipan, stali su štedeti; a zatim nešto bolje hraniti, bolje odevati, usrdno lečiti. U ovim svojim rovovima, on je čitao o novom drugu u patnjama, o talijanskom narodu, čija vojska beše tada pretrpela strahovit poraz. I s uverenjem, da njegova sudbina nije izuzetna, on je rezigniran, ali spokojan i dovoljno vedar, očekivao svoju petu ratnu zimu. I zato što se od nje nešto malo više bio obezbedio, on se, uvek skroman, osetio zadovoljan.[2]

U proleće 1918. godine, posetivši ga na frontu, njegov prijatelj dr Rajs pisao je: „Niko još ne zna da li je proleće ove godine i poslednje ratno proleće, ali znam pouzdano, da je sedmo ratno proleće zateklo malenu srpsku vojsku isto onako odlučnu kao što beše i prvog proleća. Njihova deviza bila je i ostaje: do kraja" („Ratni dnevnik", br. 132 od 12. V 1918, str. 527-528).

On nikad nije sklon bio da mnogo razmišlja o smrti, i to je još jedna osobina što je doprinela njegovom heroizmu. To je osobina njegove optimističke prirode. Obično, ulazeći u borbu, on je zauzet najsitnijim brigama života. Za njega borba, to je jedan rizičan posao koji će se ipak dobro svršiti, i zato treba uvek misliti „za posle". Smrtno pogođen, on ima izgled deteta koje se iščuđava. Kao svako, ko ne predviđa i ne računa, on je stalno, u tom pogledu, ispoljavao detinjsku naivnost; on je uvek bio nepripremljen. A zatim, za njega je smrt značila jednu eventualnost, dok on ni najmanje nije voleo da se bavi neizvesnim događajima; zato, ne misleći na nju, on joj je išao u susret uspravno, slobodno, otvoreno. I čak posle više godina ratovanja, on nije naučio da izmeni stav, koji je prema njoj zauzimao; on je u tome do kraja ostao isti. Oni, koji su pisali o njegovoj veštini u borbi, apsolutno ga nisu poznavali; oni treba da znaju da je on, naprotiv, nespretan borac. Iako je mnogo stradao iz zasede, nikad se njom nije umeo koristiti. On, dakle, nije mnogo mislio o smrti i zato se nje nije mnogo ni plašio. On je uvek verovao da će se svako preduzeće kome je pristupao, ma kako

---

[2] Jedan stari komandir pisao je 30. decembra 1917. sa fronta, između ostalog: „Inače, moral i zdravlje kod naših ljudi odlično. Zlatan je naš vojnik, a moje je uverenje, najbolji vojnik na današnjoj ratnoj pozornici. On u prikrajku pokoji put i gunđa i negoduje, ali je u rovu uvek delija, uvek lav, ali i uvek čovek od srca, onaj stari sevaplija. Prva bugarska rđa kad se preda, on mu odmah ponudi sve što ima..." („Narod", br. 169 od 17. I 1918).

bilo opasno, dobro svršiti, i on je verovao u život. On nije bio onaj heroj da pogine, već heroj da živi; on je heroj optimist.

On nije voleo rat, niti mu je borba ikad bila mila stvar i prijatan posao, kao što se to često, bez dovoljno razmišljanja, hoće da kaže. Mnogo puta, on je imao gorkih i oporih reči kojima je optuživao i pitao: zašto se taj odvratan posao jednom već ne svrši. U tom, on se nimalo nije razlikovao od mnogih ratujućih naroda, za koje je borba bila podjednako jedan odvratan posao. Kao i oni, i on je protestovao protivu prolivanja krvi, kao i oni, i on se vajkao na onaj život što tako malo liči na ljudski život.

Molim vas, zašto bismo govorili obratno i neiskreno?

G. Leon Buržoa, pošto je, jednom prilikom, posetio svoje zemljake u rovovima na zapadnom frontu, pisao je: „Oni trpe bez reči, u apsolutnoj tami, s nogama u zaleđenoj vodi, osluškujući i najmanji šum u noći, bez sna, s puškom u ruci, gotovi da se biju, gotovi da umru..." (citat g. Le Bona u *Evropskom ratu*, str. 238). Je l'te da je to vrlo lepo iskazano? Ali, da li je tako? G. Buržoa kaže: „oni trpe bez reči". On, međutim, zna vrlo dobro da su to ljudi koji trpe i da su to ljudi koji se „bez sna", „s nogama u zaleđenoj vodi", umeju da pitaju, umeju da razgovaraju sa sobom i među sobom; i da su to, najzad, ljudi koji bi hteli da žive. A ljudi koji hoće da žive, znamo, imaju uvek mnogo štošta da se pitaju u ratu, i da se na mnogo štošta ljute u njemu. Sa zemljacima g. Buržoa mi smo proveli dugo vremena i za njih imamo samo najveće poštovanje i divljenje; ali neka nam se veruje, kad kažemo: oni nisu trpeli bez reči; oni su nam uvek imali mnogo da kažu, oni su nam često mnogo i govorili i oni su se, puno puta, na mnoge pojave imali da ljute.

Nisu oni trpeli bez reči, kao što ni Srbi nisu trpeli bez reči, kao što nijedan narod nije trpeo bez reči — eto to je prava istina. Istina je, da su zemljaci lepo primili g. Buržoa, u svojim rovovima, i da je njima bilo prijatno da ga tamo vide; ali ispraćajući ga, budimo sigurni, oni su morali pomisliti: „Hvala vam, g. Buržoa, što ste nas u ovim prilikama videli, ali budite uvereni da nam niste poznali dušu, ni vi, kao ni g. Herio, koji od nas nije čuo nijednu žalbu samo zato što mu je nismo hteli reći, jer smo patriote".

Zašto se onda u tome preteruje?

G. Le Bon, govoreći o ulozi navike u genezi hrabrosti, tvrdi: da je dovoljno da se opasnost ponavlja, pa da se na nju lako navikne, i da ne treba preterivati mnogo o surovosti rovovskog života (*Evropski rat*, str. 238). I preporučujući ovo, g. Le Bon pada u istu pogrešku: radnici što rade u rudnicima, piše on, tako su navikli na ovaj život pod zemljom, da za njih on znači raj, dok onaj život na suncu znači pakao; isto tako vojnici u rovovima, zato što su navikli, „veseli su tamo i ne pokazuju nikakav znak umora" (*Evropski rat*, str. 239). Mi upućujemo na one što su navikli da žive u rudnicima i pod zemljom, treba ih pitati. Mi smo ih često i mnogo pitali i oni su nas uveravali da je i za njih raj ono, što je za sve ljude — sunce. Mi upućujemo na one što su navikli da žive u rovovima, treba ih pitati... „U apsolutnoj tami, bez sna, s nogama u zaleđenoj vodi, osluškujući i najmanji šum u noći, s puškom u ruci, gotovi da umru", opisuje g. Buržoa... „Veseli... nikakav znak umora", veli g. Le Bon. Bez sna?... bez znaka umora? Je li, zaista, reč o čoveku, gospodo?

Ako jeste, onda se jedino može reći: prilagođeni jednom životu punom nezgoda, umorni, katkad raspoloženi, gotovi da umru, oni trpe u dužnostima. Tako Francuzi, tako Srbi, tako svi koji se bore, zato što su to ljudi koji trpe. Jer ono što tvrdi g. Le Bon, to je nemoguće, i to će imati neiskazanih posledica kao zabluda. Mi ćemo se na to, docnije, morati vratiti. U svom delu *Prve posledice rata* (*Uvod*, str. 4), govoreći o prilagođavanju, g. Le Bon se već popravlja: „Prilagođavanje se manifestovalo", veli on, „ne samo kod boraca koji su junački primili pakleni život rovovski"... Njima nikad nije pravo bilo kad se neiskreno govorilo o njihovoj hrabrosti. Zato je jedan zemljak g. Le Bona i pisao: „Oni su umorni od praznih reči, umorni od literature, oni ne vole da im se govori da su junaci". Istina je, oni ne vole što se neće da razume njihovo junaštvo; oni su i trpeli i roptali, ali zar su oni zato manje junaci? Oni su roptali, i mi verujemo da su to činile sve generacije, u svima vremenima, one kojima je palo u deo da ostvaruju velike i teške nacionalne i socijalne poslove. Oni su roptali što su morali da daju živote, oni su roptali što ih daju, ali su ih davali. I to će uvek biti tako, „jer bi lako bilo umreti, kad bi čovek bio siguran da je u pravu kad se žrtvuje, ali bogovi ćute" (Seaj, *Konfirmacija moderne svesti*, str. 101). Ali manje nego drugi, pouzdano manje nego ostali, roptali su Srbi. I u tome se još ogleda njihov heroizam. Trpeti najviše, po opštem priznanju, a negodovati najmanje, jeste žilavost i ono što je, kaže se, Srbe učinilo nesravnjenim. Ono što su oni dali, trpeći nečuveno, a sa najmanje roptanja, to se prosto može nazvati inatom mukama. A inat je takođe jedna osobina Srba...

Srbi su osobito poslušan narod, koji je uvek imao najveće poverenje u svoje vođe. Tom poverenju izvor je njegovo verovanje u brigu ovih za njega. Prema starešinama u vojsci, ovo poverenje nije imalo granica. Nemac Karlo Fr. Novak u svome članku *Psihologija povlačenja* pisao je: „Malo vojnika se tuklo onako kako se tukao srpski vojnik... On je umirao tamo gde mu je naređivano da se drži. Njemu čak nije moralo biti ni naređeno, da bi se održao po svaku cenu. Zaštitne trupe koje su ostavljene postradale su gotovo sve" („Kelnske novine" od 27. I 1918). I zaista, on se nikad nije pitao o zadatku koji ima da se izvrši; njemu je potrebno bilo samo da pročita na licu svojih starešina da je nužno da se zadatak izvrši. I sa beskrajnim ubeđenjem da će biti dobro vođen, on je, ulazeći u borbu i idući streljačkim strojem kroz kišu od zrna, stalno osećao na sebi jedan zrak brige onih što ga vode, one brige, koju je on ponekad uobražavao, i koja je uvek dovoljna bila da ga neodoljivo pokreće napred. A napred, to je smisao njegovog heroizma; napred, to je skoro jedino vojničko vaspitanje što je on imao. Vojnički stručnjaci i tvrde da je on sav bio u ofanzivnom pokretu, jer u miru on je, u tom pogledu, prvenstveno i vaspitavan. Radnje odbrane i radnje odstupanja predavane su mu sa izvesnim uzdržavanjem te on, stoga, u ovima nije ni bio dovoljno vičan. I tako ovo vaspitanje, u skladu sa onim nacionalnim idealom, izradilo beše u njemu onaj vojnički duh, čiji je izraz značio: samo napred, onaj izraz koji je on odavao i u poslednjem dahu svoje vojničke i ratničke karijere.

A njegov heroizam i neprijatelj nije propustio da prizna. „Ostaće zagonetka", konstatuje Karlo Novak u pomenutom članku, „kako su ostaci srpske vojske, koji su se spasli ispred Makenzena, mogli, ikad docnije, postati opet sposobni za borbu. Time je, u najmanju ruku, dat dokaz da srpski vojnik spada u najžilavije ratnike koje je video svetski požar." Godine 1915. „Nova sl. presa" (od 13. XI) beše takođe donela ovo priznanje: „Prema obaveštenjima pribavljenim od nemačkog i našeg generalštaba o nastupanju u Srbiju, vidi se jasno da se neprijatelj opire sa nečuvenom hrabrošću svuda gde s njim dolazimo u dodir. Moramo ponovo priznati: da je Srbija, u vojničkom pogledu, jedan vrlo hrabar neprijatelj, čija vrednost nadmaša ruskog vojnika. On ima legendarnu hrabrost i preziranje smrti Rusa, i njegove osobine još su veće, jer su praćene svešću o ciljevima borbe. Dok je Rus, uopšte, samo oruđe oficira, jedan potčinjeni koji po instinktu sleduje komandi, dotle srpski vojnik pokazuje živu inteligenciju i, naročito, jednu fanatičku ljubav za otadžbinu, ljubav koja mu daje snage da podnosi sve ratne užase." „Srbi su učinili sve što je bilo u ljudskoj moći, sa jednom hrabrošću koju mi moramo da priznamo bez ikakve rezerve", pisale su „Frankfurtske novine" (12. XI) te iste godine. A nemački časopis „Rundšau" (od 6. XII 1917) u članku *Vojske malih protivničkih država*, doneo je, pored ostalog, ovo što sleduje: „Vojska male Kraljevine Srbije predstavljala je u početku rata nešto najbolje što je ikada jedna omanja i kulturno umnogome nazadna država stvorila na vojničkom polju... Odlično organizovana, sjajno i najmodernije naoružana, ozbiljno i temeljno obučena, s velikim i skorašnjim ratnim iskustvom, jednostavna i oduševljena za narodnu ideju Velike Srbije, hrabra, s požrtvovanjem i puna pouzdanja u pobedu, podignuta primenom svih sredstava do najviše moguće jačine trupa, takva je srpska ubojna sila ušla u rat.

Ona se borila s besprimernim požrtvovanjem i silnom upornošću, pa je čak i pri propadanju okitila slavom svoje zastave. Srpski vojnik bio je dostojan protivnik i srpska se vojska u povoljnim prilikama mogla često pokazati kao nadmoćnom. Pravičnost, čak i prema inače mrskom neprijatelju, zahteva da se to prizna javno i utvrdi."

Eto takav je heroizam Srba: sav mladićski, sav bujan, sav naivan; on podseća na heroizam ljubavnički, onaj vatreni heroizam koji ne zna za granice. On predstavlja najvišu tačku do koje se nesebičnost ljudska mogla da uspne, najveću visinu do koje je ljudsko požrtvovanje moglo da uzleti. Na toj visini nije se više mogao raspoznati čovek; na toj visini sa velike daljine, docnije, mnogo docnije, budućim naraštajima izgledaće sasvim neverovatan ovaj čovek od gvožđa. Tužan je heroizam Srba: pun bola, pun nevinosti. On, zaista, liči na heroizam mladosti, čija odanost ne zna za granice. On predstavlja najdublju reku krvi, koju je ljudski idealizam mogao da prolije i najduži put patnji, koji je ljudska istrajnost mogla da izdrži. U toj dubini i na tom putu nije se više mogao raspoznati čovek. Docnije, mnogo docnije, gledan iz daljine, taj čovek biće neshvatljiv budućim naraštajima. Sav je krvav heroizam Srba; njihov heroizam, to je heroizam hrišćanski. Jedan narod postupio je tačno kao što je nešto pre dve hiljade godina postupio jedan čovek. Kao što je čovek jedno biće, narod je jedno biće. Oba su se bića plemenito žrtvovala, ali oba nisu razumeli u vremenu kada su se žrtvovala.

4

Jedan momenat besa.

Mi ne možemo, samo zato da bismo dali izgled nepristrasnosti ovoj studiji, na silu istraživati mane jednoga naroda koji ih nije pokazao, bar u odnosima i životu međunarodnom. Mi smo sebi stavili u dužnost da prikažemo karakter Srba onakav, kakav je on u stvari. A ono što nas je na to prvenstveno podstaklo, to je uverenje da ni njihovi najbolji prijatelji još nisu poznali svoje Srbe. Iako ih iskreno žale i vole, zbog njihove nesrećne sudbine, oni to čine tako: kao što se, uopšte, sažaljeva ili voli neko koji nepravedno pati, koji je potišten i koji je nesrećan. Ali mi smo neprestano smatrali da Srbi, jedan narod koji je prošao kroz tolike alternative najlepšeg oduševljenja i najcrnjih, nesravnjenih i samrtnih muka; jedan narod koji nikad ne bi mogao znati: koliko je imao po trista Spartanaca i koliko Termopilskih klanaca, zaslužuje, za nekoliko stepeni, veću od one pažnje. Srbi su doživeli jednu jedinstvenu, nezasluženu nesrećnu sudbinu. Izuzetno nesrećan narod, oni nisu samo jedan narod koji grozno pati, već narod koji izuzetno grozno pati. I mi smo hteli da podsetimo još i na to: da jedan narod, kao i čovek, u stvari vredi mnogo više, nego što vredi u našim očima pošto smo ga procenili da vredi; kao što drugi vredi mnogo manje nego što vredi u našim očima, pošto smo ga nepristrasno ocenili da ne vredi.

Mi napomenusmo, da se ni sa velikim naprezanjem ne bi moglo naći povoda za optužbu Srba u ponašanju njihovom prema narodima s kojima su oni ratovali. Jedan primer, kad su oni bili istinski razjareni i kad bi im se surovost, možda, mogla prebaciti, nećemo propustiti da iznesemo na ocenu. Tiče se arbanaške pobune iz 1913, koju su oni brzo i grozno ugušili, a koja je trajala samo nekoliko dana. U ugušenju ove pobune učestvovao je jedan deo naroda, jer tom prilikom beše mobilisan samo potreban broj divizija. Zašto su oni tada bili surovi?

Za ono nekoliko meseci što je, za vreme Prvog balkanskog rata, držala Arbaniju, koju je osvojila, srpska vojska ponašala se prema njenom stanovništvu čovečno; čovečno, koliko je god to bilo moguće jednom pobediocu prema pobeđenom, koji niti je hteo, niti je znao da bude lojalan. Sa zadatkom da izađe na more, ona je preko ove zemlje prelazila s toliko takta i uviđavnosti, da ovaj njen pohod nimalo nije ličio na pohod jedne vojske koja osvaja. Njen stav ličio je tada pre na stav onoga koji se izvinjava zbog svog položaja. Pa ipak, sav taj njen put obeležen beše krvlju, koju joj prolivaše stanovništvo jedne zemlje, što nije navikla bila da je posećuju i što nije naučila bila da se preko nje prelazi. Hiljade grobova rasejanih na svima stranama po gudurama ove zemlje, odvojene od sveta, predstavljahu krvavu nagradu jednoj vojsci, koja baš nikome nije želela da pričini zlo i koja je činila sve sa svoje strane da se njezino prisustvo što je moguće manje oseti. Reakcija na ovo izazivanje bila je, relativno, umerena i retko kad je prelazila granice pravedne odmazde.

U proleće 1913, napuštajući ovu zemlju, u kojoj ostaviše tako mnogo grobova, ljudi su u duši osećali jednu srdžbu prema ovom narodu poludivljem i nedostojnom njihovih obzira. Iste godine, po svršetku rata s Bugarima, vratio se naš narod kući, umoran od krvavih borbi koje je vodio, napora što ih je preživeo i slomljen i iznuren posle strašne koleričke zaraze, koja beše uništila ceo jedan mali svet.

Zamišljen i turoban, usred svoga zapuštenog ognjišta, on je s tugom posmatrao svoju bosu čeljad, svoju oborenu ogradu, svoj zarđali alat i neveseo i bolan izgled svega što ga je okruživalo, kad je, sasvim neočekivano, bio pozvan da pohita na granicu, napadnutu od Arnauta. Polazeći i bacajući, možda, poslednji put svoj krvav i bolan pogled na zapušteno ognjište, koje sanjaše da obnovi, on je osetio kako mu se grudi nadimaju besom koji se ne da obuzdati, i on se setio zaboravljenih rana arbanskih.

A taj bes pojačalo je sve što je video na novom, neočekivanom razbojištu. Paučinaste naše posade, iznenađene, behu mnogo nastradale. Masakrirani, unakaženi drugovi tražili su osvetu. I pod onim utiscima, što ih je poneo sa ognjišta i pod ovim što mu se ukazivahu pred očima na novom razbojištu, on se ustremio. Nikad, zaista, ovaj narod nije strašnije izgledao nego tada. Mi ga nismo mogli poznati. Njegovi udarci, prvi i poslednji put tada, nisu štedeli ni slabe, a bedna sela plamtela su u ognju. Srećom, plima je brzo ustuknula. Samo nekoliko dana posle, moglo se videti: kako on, sa očinskom nežnošću, sa onom njegovom urođenom bolećivošću, „po starinski", miluje, hrani, teši nevinu decu svoga kažnjenog neprijatelja; samo posle nekoliko časova, on se beše trgao, on se beše gorko pokajao za ovo što je bio uradio i što njemu nije bilo svojstveno da čini.

5

Kako se ocenjuje čovek. — O kriterijumu za ocenu karaktera Srba. — Njihova vernost.

Mi ne mislimo da je čovek po prirodi dobro i prosvećeno biće, kako ga je zamišljao Žan-Žak Ruso, niti smo do kraja uz Stendala, Merimea i Tena, koji verovahu da čovek čini zlo čak i na jedan dezinteresovan način, zlo za zlo; da je on mesožder i da kao pseto ili lisica ima nokte, koje je još od početka zabo u meso drugih; a da se dobročinstvo civilizacije sastoji u tome da od njega načini pripitomljenog mesoždera, da mu nokte i zube marljivo drži tupe. Mi nismo do kraja uz Tena, jer smatramo: da čovek, „nezgrapan divljak, dok je primitivan, najpotrebitija od svih životinja", jednom socijaliziran, može, produženim naporom, da savlada rušilačke strasti i da uspe, te da ne popuste uzde ili agenti „spontane anarhije". Mi, ukratko, o čoveku mislimo ovo: sve dok je mučen svojim prvim, neophodnim, najgrubljim potrebama ili sve dok se njegov život nalazi u opasnosti, on se stara isključivo o tome: kako će ove potrebe podmiriti ili kako će ovu opasnost izbeći. I onda je Ten u pravu, jer se tu ljudi ne razlikuju i jer svaki misli isključivo o sebi. Civilizovani čovek, u tom slučaju, kao primitivan, ponaša se uglavnom isto, i opasna je iluzija ako se misli na drugi način. O razlici među ljudima može se govoriti tek pošto su oni uspeli da zadovolje svoje prve, neophodne potrebe. Evo te razlike: ima ljudi, koji i pošto su podmireni u ovim svojim prvim potrebama, ostaju iste, sebične, Tenove gorile. To su egoisti. Izvor svake njihove akcije, ono što jedino pokreće njihovu snagu, to je lični, opipljiv, blizak interes. Drugi su altruisti, u raznim stupnjevima. Sa malim zadovoljni, sasvim skromni, jedni odmah počinju misliti na bližnje, osećati saučešće za njih, ako su u bedi, učestvovati u njihovim bolovima i starati se da im ove olakšaju. Drugi će se ponašati tako, tek pošto zadovolje svoje ređe, više potrebe, one koje nisu neophodne. Osetljivost ova ima mnogo stepena. Po jačini ovog samopregorevanja, samoodricanja, i samožrtvovanja ocenjuje se čovek. Ali ono što nikako ne treba zanemariti jeste: da je to uvek čovek zadovoljen u svojim prvim potrebama. Altruizam je, prema tome, odricanje u korist drugoga od onoga, u pogledu potreba, zadovoljstva, spokojstva, što nije neophodno za sopstveno održanje.

A, potom, mi ocenjujemo ljude po ciljevima, što ih oni postavljaju u životu i po pobudama, što pokreću njihove snage na akciju. Koliko su ciljevi, koje oni sebi predlažu, nematerijalniji i idealniji i ukoliko se ljudi predaniji, za ostvarenje ovih ciljeva, žrtvuju, toliko je njihov rang u civilizaciji veći. Stepen ove civilizacije ocenjuje se po veličini one dobrovoljne socijalne ljubavi, koju ljudi manifestuju prema zajednici.

Beskrajne materijalne zavisnosti vezale su čoveka za društvo. Zato što hoće da radi za sebe, čovek mora da radi u društvu, sa drugima. Koliko je ovaj odnos čoveka prema drugima, prema društvu, verniji i lojalniji, ukoliko je više njegov egoistični instinkt potčinjen socijalnom instinktu; toliko je veća njegova moralna vrednost, veći stepen njegove svesti, bolji njegov karakter.

A sa ove tačke gledišta, mi mislimo, moraju se ocenjivati i Srbi.

Da li se, doista, traže dokazi o nesebičnosti jednoga naroda, koji se bukvalno sav žrtvovao za jedan ideal za koji je posejao groblja po celom svetu i za koji je žrtvovao sve što je najdraže bilo čoveku? Ono što istorija pruža kao najuzvišenije ljudsko, to su: herojski primeri onih ljudi, što su se u svojim akcijama rukovodili nekoristoljubivim osećanjima, onih što su ljubav prema familiji žrtvovali ljubavi prema otadžbini ili ljubavi prema čovečanstvu. Istorija je danas u mogućnosti da sačuva takav primer, koji je pružio jedan ceo celcat narod. Ali ono beskrajno strpljenje sa kojim su Srbi očekivali pravdu i trpeći najstrašnije duševne muke, dostojanstveno odolevali i odbijali sva podsticanja i iskušenja egoističnih instinkata; ona njihova vernost do smrti uz saveznike i ona nepokolebljiva pokornost socijalnom instinktu, najznačajnija je crta njihovog karaktera i najveći dokaz njihove nesebičnosti, njihove moralne vrednosti i stepena njihove svesti.

Kad jedna vrlo savesna psihološka analiza bude uspela da tačno prikaže prirodu duše Srba, prvo mesto, izgleda nam, u redu osobina kojima su se oni odlikovali, zauzeće njihova vernost. Njihova vernost, to je osobina, kažu stranci, koja ih je učinila beskrajno lepšim, nego što bi ih učinila samo njihova čvrstoća ili njihova hrabrost.

Sasvim prosto, neusiljeno, vrlo otvoreno predstavio se srpski narod na krvavoj svetskoj pozornici. Ni jednog jedinog trenutka, on nije izgledao ni zagonetan, ni dvosmislen, ni nerazumljiv. U sjajnom, tradicionalnom ruhu prostote i vernosti, on je, u krvavoj tragediji, imao svoju ulogu: vidnu, dugu, mučnu i vitešku. A iz veličanstvenih loža, kao i iz jeftinih mesta odakle su ga posmatrali, složili se behu svi: da je on igrao vrlo, vrlo naivno. Iz duge i mučne svoje prošlosti, međutim, on je imao predanje o jednome Vuku Brankoviću, koga je pratilo prokletstvo narodnih naraštaja. Ta tradicija bila je krvava rana narodna. To prokleto izdajstvo bilo je kao avet u živoj mašti narodnoj. U jednoj prošlosti, ispunjenoj patnjama, viteštvom i vernošću, jedna ovakva mrlja odskakala je svojom usamljenošću. U odnosima prema drugim narodima, ova prošlost nije imala nijedan trenutak, zbog koga bi rumenio obraz njene budućnosti. Naprotiv, čeličnom vernošću obeležen je svaki njen trag, sav njezin trnoviti put. S tim nasleđem i u tom ubeđenju, ne poznavajući dovoljno druge narode s kojima se nije mnogo mešao, ovaj narod je duboko verovao: da je čast narodna jedan pojam shvaćen na opšti način, od svih, podjednako od svih naroda. Njemu, čiji su očevi, u privatnom životu, sklapali ugovore životne važnosti, u četiri oka, na poverenje, na golu reč, a to, po pravilu, bilo je sasvim nepojmljivo neverstvo u međunarodnim odnosima. A on je uvek imao shvatanja svojih očeva, za koje je data reč značila zakon, a zakon svetinju. Evo, sa takvim shvatanjem on se borio na Jedrenu za Bugare; sa tim shvatanjem, neko vreme posle toga, on je kategorički odbacivao pomisao o mogućnosti da bude napadnut od svojih saveznika i noću 17. juna 1913. mirno spavao na Bregalnici; sa tim istim shvatanjem on je, u proleće 1914, ostavio odrešene ruke svojoj vladi da ga uvede u konflikt svoga grčkog saveznika protivu Turaka, i to pod osobito teškim prilikama u kojima se nalazio. Ova njegova gotovost, u poslednjem primeru, sprečila je, možda, krvav sukob koji je predstojao. Samo jedna poštena reč omela je tada jedno novo i izlišno prolivanje krvi. I sa takvim shvatanjem, najzad, on se obvezivao a nije tražio obaveze, on ih je ispunjavao i, u isti mah, neiskazano verovao da u eventualnoj prilici neće biti napušten od onih prijatelja na koje je računao.

Zaista, ono što je njegov poslanik u Parizu o njemu tako iskreno rekao izgleda sasvim neverovatno i naivno za savremeni uzajamni život naroda. A on je kazao ovo: „Mi smo se Srbi angažovali u ovoj borbi s potpunim ubeđenjem u pravičnost naše nacionalne stvari i sa punim uverenjem, bez ikakve rezerve, u naše saveznike. Oduševljeni smo tim idejama i mi nismo tražili osiguranje ma kakvim konvencijama. Verovali smo, i danas smo svi ubeđeni, da su naše pravo, naša lojalnost, hrabrost naših vojnika, patnje našeg stanovništva najbolji i najsigurniji diplomatski instrumenti, koje jedan narod može imati ne samo prema saveznicima, već i prema svakom poštenom čoveku." To isto ponovio je drugi njegov ministar 1917, u parlamentu: „Naš ugovor ne treba tražiti ni među pismenim paktovima, niti u govorima savezničkih ministara, već u definitivnom rešenju na bojnom polju, u pobedi ili padu savezničkih armija. Padnu li saveznici, zbogom Srbijo; pobede li, srećna Srbijo! A čime smo mi obvezali naše saveznike? Obvezali smo ih herojstvom naših vojnika na Ceru, Rudniku, Kajmakčalanu, mučeništvom našega naroda u porobljenoj Srbiji, nepokolebljivošću i vernošću srpskih političara. Preko ovih moralnih i krvavih angažmana saveznici ne mogu preći. Zato nije potreban ni uspravniji stav, ni energičniji ton, ni pisani ugovor."

Bugari bi odgovorili da je to za pesmu.

Vernost, to je kompliment koji se neizostavno upotrebljava od sviju bez razlike kad je reč o srpskom narodu; taj narod, kaže se, simbol je vernosti. A to priznanje hranilo je i podsticalo besprimernog idealistu. Pod uticajem takvoga priznanja, srpski parlament, koji se u 1916. sastao na Krfu, saglasio se jednodušno: da se u narodnoj katastrofi treba tešiti time, što je narodna čast spasena i što je vernost prema saveznicima sjajno osvedočena. I dok su se narodni predstavnici, bez najmanje želje da na frontu vide one koji su tu čast spasli, i uoči same septembarske ofanzive, kojoj se tada sa najlepšim nadama pristupalo, žurno vraćali u gostoljubivu Francusku, da tamo, mnogi od njih, nastave utehu u zagrljaju svojih milosnica, dotle je on, dobričina, s ponosom zbog priznanja koje mu je laskalo, sa obnovljenom snagom i naivnom nadom da polazi kući, opet poleteo iz svojih plitkih rovova da krvavo osvedoči novu, toliko puta potvrđenu, otmenu vernost.

6

**Duševni temperament. — Mentalna evolucija. — 1914.
— Arbanija. — Krf. — Halkidik. — Solunski front.**

U oceni mentaliteta balkanskih naroda od g. Le Bona, ono mesto, što najbolnije potresa našu osetljivost, nalazi se u samom početku Glave o kojoj smo napred govorili (*Prve posledice rata*, Gl. IV, str. 247). „Izvesni narodi", kaže on, „evoluiraju tako lagano, da izgledaju nepokretni a njihov hod zadržan. Takvi su, na primer, Kinezi i Balkanci. Oni se ne razvijaju, jer su njihovi nasledni karakteri stabilizirani i upravljani izvesnim osećanjima kao što su religijska verovanja ili mržnja rasa, osećanjima malo podložnim promenama." Ono što su, možda, Arnauti i Turci zaslužili da se za njih tvrdi, g. Le Bon je tvrdio za sve balkanske narode. Mi smo se napred starali da uverimo: kako ni religijska verovanja ni strasti rasne mržnje ne behu urođena ni nasledna navika Srba, kako su ovi pokreti najmanje imali mesta u njihovoj duši. I ako civilizacija znači ublažavanje i usavršavanje običaja, onda mi mislimo da smo, što se Srba tiče, dovoljno odgovorili g. Le Bonu. Ali mi hoćemo da mu damo potpun odgovor, postavljajući ovo pitanje: da li su zaista baš svi do jednog balkanski narodi tako malo podložni promenama u njihovoj mentalnoj evoluciji da izgledaju skoro zaustavljeni u svome hodu, je li to tačno ukoliko se odnosi na Srbe? O tome mi ćemo pokušati da izložimo: kako se, i pod kojim uslovima, mentalno razvijao jedan narod kome je na zemlji, u njegovom vremenu, malo još stvari ostalo da vidi i doživi i za koji se ipak tvrdi — mi opet nalazimo da to dolazi samo iz nepoznavanja — da je skoro nepokretan i neizmenljiv u svojim osećanjima.

Ovaj narod nije bio melanholičan, kao što smo to često čuli i čitali da pogrešno tvrde oni koji njegov duševni temperament nisu upoznali. Kao da se time htelo da pokaže: kako je to jedno hajdučko pleme, jedan narod što u miru, u stalnoj bolnoj i mračnoj tuzi i depresiji, u uspomenama o svojim precima, čezne za ratom, ratničkim životom i ratničkim podvizima, kad se jedino njegovo čelo razvedrava i kad jedino on otpočinje da živi. — On ima nešto romantičke osećajnosti, on jeste sentimentalan, on jeste setan, ali nije sumoran. Jedan vredan narod nikad nije sumoran. Jer rad, to je napor. Rezultat slobodnog, dragovoljnog napora, to je zadovoljstvo. Rad je zadovoljstvo s pogledom na rezultat. Zadovoljstvo je radost duše, radost čula. Srbi su relativno vredan narod. Kako je moguće da jedan vredan narod bude sumoran? Naprotiv, on je vedar, razdragan, veseo, jer on radi, jer on slobodno radi. Otkud sentimentalnoga u duševnom temperamentu Srba? Otkuda oni tužni, jecavi tonovi frule i dvojnica, koji čine da nam se srce steže i muči, gotovo da zaplače? I otkuda ono katkada tako bolno u pesmi što pritiskuje i rastužuje dušu? Odakle dolazi onaj dah što takve tonove rađa, izvodi, kombinuje? Taj dah, mi mislimo, to je dah onog bola iz prošlosti, to je dah predački, tuđ dah, dah iz mračnih dubina, to je atavizam. On je onaj dah bola naših predaka koji nisu bili slobodni da rade, koji su radili pod strahom i za drugoga i za koje rad, zbog toga, nije značio zadovoljstvo i sreću. Sumornost je ćerka nerada i čame; onaj dah, to je bol naših očeva, koji su čamili i zbog koga smo mi setni. A posle, onaj dah hranili su naša mladost i naša brda. S frulom i za stadom naša je mladost mnogo sanjala. U noći, kod trla, opijao nas je tajanstveni život stvari i zanosio nebeski beskraj. Sve što je okruživalo zdravoga ovčara bilo je romantično, nežno, zanosno. Danju, kroz veliku travu i cveće, uzbuđen i pijan od sreće, prikradao se on da preseče put dragani, koja se u beloj, zategnutoj od snage košulji, pojavljuje kroz čestar ka studencu i liči na sletelu odnekud šumsku vilu. Lipa je mirisala. To je mladost koja, u svome odmoru do škodljivosti, pothranjuje neobuzdanu imaginaciju, raznežava duh, daje maha najživljoj osećajnosti. I tako, srećan ili razočaran, sam, na visokoj steni ćuvika ili šarenom ćilimu od trave, kroz frulu čiji glas drhti, i usred onog mističnog života stvari, on se izražava. To što on izražava tako neodoljivo, to je onaj dah predačkog bola, eho one čame predaka u ropstvu i to je onaj tajanstveni dah prirode i one mlitave, neradne mladosti provedene u njoj. Ali sa mladošću ostaje i većina snova. Kad se ulazi u život rada, nestaje života snova i fantazija. Jer rad, to je pravi život, to je život razuma, to je java. S mokrom od znoja košuljom i motikom preko ramena, napuštajući njivu pri zahodu velikog crvenog sunca, korača, visoko uzdignute glave, ka svojoj beloj kao sneg i skromnoj kućici, jučerašnje sanjalo. Izraz mu je vedar, živ, nasmejan. Na kućnjem pragu čeka ga zdrava, rumena domaćica sa sinom na sisi, njegova najmilija vizija van doma. To srce, zbilja, sadržava li još, čuva li uvek onu instinktivnu tugu iz mladosti? Ne. I ta tuga ostala je s mladošću. — Jeste li posmatrali povratak s mobe? Ako jeste, onda ste bolje nego igde videli zadovoljstvo što ga je rodio napor. Jeste li gledali vojnike na odmoru, posle znojavog rada? Jeste li pratili narod na saboru, na komišanju, na svadbi? Beste li s njim na slavi, u kosidbi, u berbi? Ako jeste, a to je sve njegov život, onda, kad ga videste sumornog? U tome, mi smo primili nagao zaključak o nama onih, koji su nas upoznali u nesreći: kad smo pevali samo o bolu, kad je oko bilo gotovo da zaplače, kad nam se grlo stezalo, kad smo išli pogureni od briga, kad smo se sklanjali u samoću da sanjamo o kući, o svojima, kad smo bili sumorni, zato što smo bili nesrećni. Ali to nije bio stalan temperament naše duše, on nije bio uvek takav, kao što je izgledao u toj nesreći. Jedan sumoran narod, to je turski, mlitav, neradan, umoran. To je zato što on nije nikad poznao rad i zadovoljstvo od rada i što se umorio od čame. Sve dok mu borba beše zanat, on je još izgledao agilan, vedar, mladolik. A kad je ovaj zanat jednom bio napustio, sa prekrštenim nogama i čibukom, u gustom dimu od duvana, on je čamovao. I zato što je čameo, on je postao sumoran. Ali kolika razlika u tome između ova dva naroda. Nasuprot onome životu čame, isticao se jedan drugi život ispunjen znojavim naporom. U tom naporu naš je narod bio vedar i zadovoljan, u tom znoju on je vazda bio čio i, koliko je to moguće na zemlji, srećan, pre ratova. Tada sve iđaše nabolje, sve se kretaše unapred. Večerom, i dok mu bujnu kosu lepršaše laki povetarac, uspravan usred svoga imanja, mahao je on kapom i pozdravljao putnike što kroz prozor voza, koji je nedavno tuda proradio, udisahu miris bujnih polja. Voće je pupilo. Pod velikom, novom nadstrešicom od dasaka stajali su uređeni, skoro nabavljeni, usavršeni alati, sa kojima će letos raditi. Tamo na uzvišici smešila se novopodignuta škola. Sutra, u opštinskoj kući, on će pred svima iskreno kazati šta misli o novim predlozima...

Eto tako vrednog i tako zadovoljnog zatekao ga je Prvi balkanski rat. Mi smo se sa njegovim duševnim stanjem za vreme ovog i Drugog balkanskoga rata dovoljno upoznali u jednoj od ranijih Glava.

Godine 1914, u jeku njegovih napora da popravi svoj ratovima zapušteni domazluk, Austrougarska mu je objavila rat. Ovaj strahoviti fakt beše ga u početku zbunio do onesvešćenja. Izgledaše mu neshvatljiva odgovornost za jedan događaj, kao što beše onaj u Sarajevu, događaj, koji je on, pouzdano, u to vreme najmanje želeo. Ali osećajući da mu je iznenada sve ugroženo, i to od jednog neprijatelja čije mu namere behu poznate i s kojim ga je inače docnije, čega je on bio svestan, očekivalo krvavo razračunavanje, on se prikupio, nezapamćenom brzinom izleteo na granicu i dao bitku, koja po svojoj određenosti i po svome rezultatu dolazi u red najveličanstvenijih bitaka što se odigraše u velikom evropskom sukobu. Neprijatelj je na Ceru 1914. avgusta meseca, bio strašno potučen.

S topovima čije su cevi bile izolučene iz prošlih ratova i onim zadobivenim od neprijatelja, s praznim arsenalima, sa primitivnim trenovima, bez opreme i u svom narodnom odelu, umoran, pun brige za kućom, izmožden, ranjav i skroman, on je, potom, ponovo nastavio da bdi na krvavim rekama Save i Dunava.

Zauzeti svojim sopstvenim brigama, njegovi saveznici tada nisu mogli doći ni da mu pomognu, ni da ga vide.

A samo nekoliko dana posle one pobede, on je prelazio Savu i Dunav, odakle beše oterao neprijatelja. Za ono kratko vreme što je proveo među braćom s one strane, on beše poznao njihovu ljubav prema Srbiji i prinuđen, potom, da ih ostavi, jer beše napadnut velikim snagama na Drini, on oseti i ponese novu snagu i novu volju da se za njih i dalje žrtvuje i zalaže. U krvavim borbama što ih je svakodnevno vodio ove jeseni, on nije popustio. I u novembru iste godine on daje bitku na Rudniku, onu koju će istorija zabeležiti kao najlepši primer ljubavi i kulta jednoga naroda prema otadžbini. A i tada njegovi saveznici, zauzeti sopstvenim brigama, nisu mogli doći da mu pomognu i da ga vide; i on im nikad zato nije zamerao, razumevajući njihov težak položaj u to vreme. Međutim, Srbi su u tome imali jednu beskrajnu želju, još više, jednu strast, jednu od onih duševnih potreba što u ratu znače skoro bolest, a ta je: da svoje saveznike vide uza se; ma u kom broju, ali samo da ih vide. I bili su nesrećni da ih zadugo ne vide.

Mi smo ranije kazali da rat onemogućava pribranost. U onom zbunjenom, polusvesnom stanju, čovek nerazumljivo gleda kako se događaji sukcesivno nižu.

Godine 1915, pred katastrofom Srbije, narod beše, uveliko, rasejan usled jedne nove nesreće. To beše epidemija pegavog tifusa.[3]

Još 1914, za vreme i posle slavne kontraofanzive, ona zbunjenost bila je vidljiva i očevidna. Posle očekivanoga kraha, koji se činio neminovan

---

3 Prema statističkim podacima u 1915. godini samo do 1. juna iste godine, dakle za pet meseci, stradalo je od pegavog tifusa preko 130.000 duša naših građana, ne računajući žrtve kod vojske... Jedan deo stanovništva u Mačvi, Pocerini i Jadru, prosto je desetkovan; umrlo je na dužnosti više od 130 lekara, masa vojnika, žena i dece („Srpske novine", br. 23 od 22. II 1918. i br. 48 od 21. IV).

s obzirom na brojnu nadmoćnost neprijatelja i sopstvenu iscrpljenost, došla je neočekivano, na jedan skoro čudesan način, pobeda određena i potpuna. Ona je tako zamašna bila da je imala za posledicu jedno uverenje: kako je, u isto vreme, i odlučna. Tako je verovao narod. I dok je narod tako pogrešno verovao, dotle se o njemu kod ostalih, iza njega, odnosno pred njim, formiralo i učvršćivalo drugo ubeđenje, takođe štetno: ono o njegovoj nepobedivosti i nesalomljivosti. I tako je Srbija, u onom međuvremenu zatišja od nekoliko meseci, ličila na Kraljevića Marka, koji, sa buzdovanom pored sebe, strašan, spava, uveren da će se mučno ko moći rešiti da ga ponovo uznemirava. U tom verovanju jednih i drugih, u toj zbunjenoj opijenosti i polusnu, dočekani behu događaji koji su izazvali katastrofu.

Među ljudima što su preživeli strašne događaje, našao bi se vrlo mali broj onih koje ono pouzdanje u nepobedivost naše vojske nije držalo sve do starih granica Srbije. A tu, na tome mestu, nastupila je agonija.

Onaj koji se bude naročito posvetio izučavanju duševnog stanja Srba u onom periodu, koji obuhvata njihovo čuveno povlačenje kroz Arbaniju i bavljenje na jadranskim obalama, moraće prvenstveno računati s tim da ima posla s ljudima u potpunoj agoniji. Iznenadne i silne moralne muke, razočaranja i opasnost za egzistenciju, imali su za rezultat jedno stanje beznadežne utučenosti, bezizlaznosti, nemoći, pomućenosti. Malj je onesvestio.

Kroz Arbaniju opasnost za egzistenciju odstranjuje i najpreču misao i najdužnije osećanje. Briga za sebe, briga oko sebe, to je najveća i jedina briga. Arbanija, to je sebičnost, najgrublja, najbrutalnija, bez maske, bez vela, gola golcata. Na malom pristaništu govinskom ostrva Krfa, u punom trijumfu, sa izrazom čija se jadnost nikad ne može zaboraviti od ljudi koji su ovaj izraz videli, iskrcavala se ova sebičnost vesela, nasmejana, zadovoljna. „Samo kad sam se ja spasao", odavala su razgovetno kao dan sva lica jednu istu misao; a iz malih čamaca iskakali su hitro na uski most, koji se ugibao, ljudi novorođeni, spaseni, pomilovani i zato veseli.

Arbanija je donekle iskustvo smrti. Nauka zna da je to iskustvo nemoguće, i to je očevidno. Ali je ona ipak jedno iskustvo: kako se na njena vrata i u njezino carstvo ulazi. U onakvoj duševnoj buri, u kakvoj su se davile crne i gladne senke jednoga naroda, misao o životu i misao o smrti bile su podjednako nejasne. Sve što se tamo preživelo nije nimalo ličilo na ono što se o životu znalo; i sve, što je o smrti bilo poznato, razlikovalo se od onog kako se tamo umiralo. Po vrlo uskoj, kozjoj stazi koja vijuga nad provalijom, obavijen oblakom ili okružen mrakom, koračao je, preturao se, pipao je čovek-skelet, koji je sasvim bio posumnjao da je to značio život. Ono što je njegovo telo pokretalo napred, činilo mu se da nije napor njegove sopstvene snage, jer je ona odavno već bila iscrpljena. I ne osećajući više u tom telu sebe, on je sumnjao u život. Za sive, neme utvare, što su se povodile za njim i pred njim, sumnjao je da su ljudi. Maločašnji život, nešto malo posle, značio je smrt; maločašnja nada, ista kao i njegova, nešto malo posle, umirala je pred njim, na njegove oči. On je istinski osećao kako je njegova nada umirala. Leš, koji je on pozivao da nastavi put, bio je maločas čovek koji mu je ubrizgavao pouzdanje; ostavljajući ga na stenovitom kršu, on je tamo, u isto vreme, ostavljao i svoje pouzdanje. I tako, on je sticao iskustvo: kako njegova nada, kako njegovo pouzdanje, kako njegov život, kako on sam umire... Arbanija „to je toliko san koliko java".

A tek kad je prešao more, kad je stao nogom na sigurnu zemlju i oko sebe opet ugledao pitomo, obično i lepo, što ga je podsećalo na raniji život, on se prikupio, odahnuo, osetio da sve nije svršeno, osetio život, on se nasmejao; eto zašto se on oveselio.

Reč je uvek o onima koji su privremeno pobedili smrt. Onima, nad kojima je ona bila pobedilac, pomogla je pomućenost. Oni su umirali s nekom verom o groznom svršetku univerzuma, jer smrt je bila tamo pravilo. Arbanija, to beše Veliki petak Srba i Monblan njihovih patnji.

Za nekoliko meseci, pošto je ostavljena, ona je značila naš najveći bol u izgnanstvu. A taj bol, to je onaj bol nogu i stomaka, bol fizički, koji se pamti. Hiljade pesama i priča rodile su ove arbanske muke;

hiljade tih priča i pesama izražavale su sopstvene, svoje, lične patnje; a tek se docnije Dis, među prvima, setio svojih siročića na ognjištu. Jest, Arbanija, to je egoizam gorila o kome govori Ipolit Ten. Ona predstavlja potpunu mentalnu uzetost i ona znači opštu neosetljivost bića; mi smo tamo bili očevici totalnog pomračenja ljudske svesti.

Ali čaša golgotske patnje ne beše do kraja ispijena u Arbaniji. Tamo, na malom pristaništu govinskom ostrva Krfa, čovek je tek mogao da vidi: kako se u masi, kako se kolektivno, kako jedan narod umire prirodnom smrću. Nikad nije, a možda to nikad neće ni biti zabeleženo: da je na jednom tako malom prostoru bilo sakupljeno toliko mnogo bola, bola tihog, velikog i hrišćanskog. Bilo je to u januaru i februaru 1916. Tih kišnih dana i noći, prepunih tuge, mi smo bili sa službom na malom, istorijskom pristaništu i na jednoj bolnoj dužnosti da ispraćamo svoje drugove za Ostrvo smrti[4]. Svakodnevno, mrtve i polumrtve čete i bataljoni pritiskivahu pristanište, očekujući lađe za prenos na strašno ostrvo. Svi hoće što pre odmor, makar i večan; svi zahtevaju da se odmah ukrcaju. Oh, kako se živo sećam jedne takve noći!

— Stoj!... Stanite, braćo... nema mesta! nema mesta! Druga će lađa doći za vas — ali ove uzvike niko ne razume i lesa polumrtvih navaljuje ka mostu. Sa nekoliko zdravih vojnika raširenih ruku, promukla glasa, popuštamo pred udruženim samrtničkim potiskom ka mostu, gde pristaju remorkeri. U noći, pod mlazevima kiše i reflektora koji osvetljava sa krstarice „D'Estre", ova tiskanja mračnih fantoma u surim i izgorelim šinjelima, praćena iznemoglim, umirućim žamorom, odaju sliku meteža u paklu. Na mostu, što se pod navalom talasa nemirnog mora ugiba, kao da će svakog trenutka biti zdrobljen, stoji komandant francuske krstarice okrenut moru koje huči i sa maramom na očima jeca:

— Gospodine kapetane, ovo što vidim razdire mi srce. Ovoga časa idem da od admirala zahtevam još sredstava za prenos vaših jadnika

---

[4] Tako je prozvano ostrvo Vido, koje se nalazi prema Krfu, i na kome je umrlo mnogo hiljada Srba.

— i komandant u crnom, mokrom marinskom mekintošu odlazi žurno na telefon.

Na onom tesnom prostoru pred pristaništem lesa je pala po zemlji čim se uverila da je lađa otišla. Rekao bi čovek da se nalazi na razbojištu posle jedne očajne bajonetske borbe masa. Slabi jauci ne čuju se od huke mora i polegali ljudi liče na leševe. Poneka glava uspravlja se malaksalo i gleda u pravcu odakle druga lađa treba da dođe. Na moru potpun mrak.

— Vojniče, ustani; legao si na samom putu.

Neko reče:

— Mrtav je, maločas je izdahnuo.

I dva zdrava vojnika podižu leš i odnose ga u stranu.

Jedan bolesnik domile do ovog leša i podvuče glavu pod pocepani šinjel mrtvaca... drugi, treći, četvrti, uradiše to isto. I najupornije odvraćanje ne pomože ništa. Neko prebaci jedno zgužvano šatorsko krilo preko njih. Dežurni oficir krstarice Morije povuče nas pažljivo u stranu, pokaza rukom jednu drugu gomilu i tiho upita:

— Šta ovo znači? Svi se okupljaju oko leša.

Pored jedne male vatre koja se gasi, uz ruševinu starog kamenog zida, leže dva mrtva vojnika s rukama u nedrima.

Posle jednog sata narednik pokaza na onu petoricu pokrivene zgužvanim šatorskim krilom i reče:

— Svi su mrtvi.

Poručnik Morije skide kapu, prošapta nešto nerazumljivo pa se pogruženo uputi u mrak.

Kiša. Snopovi reflektora kao da su puni pare. Na onom šljamu što ga je izbacilo more za vreme plime jedan sveštenik, u groznim mukama, povraća. Neki bolesnik iz gomile zagušeno kriknu:

— Eno lađe!

I lesa polumrtvih zaniha se ponovo. Hiljade pogleda upravi se na zelenu tačku koja se pojavi pored napuštene crkve kod Fustapidime. Novi jauci nade začuše se i ponovo očajnim potiskom lesa krenu napred.

Dežurni oficir trubom komanduje krstarici:
— Reflektor levo!
Snopovi pljusnuše na uzvišicu desno od pristaništa i stotine lakših bolesnika uskomeša se pa krenuše ka mostu.
Kad remorker priđe, narednik viknu:
— Prvo mrtve.

Patron, uzbuđen, siđe sa remorkera i objasni naređenje koje beše dobio: u levi čamac mrtve, u desni one kojima nema spasa, u sam remorker one za koje ima nade da će se oporaviti.

Kroz tisak, s najvećom mukom, probijahu se nosači mrtvih. One što imaju prvenstvo, opuštenih nogu i glava spuštaju u dugački čamac, koji zapljuskuje penušava, prljava voda. Poređani jedan uz drugog, s približenim glavama i raširenim rukama, obuhvatajući se uzajamno, oni izgledaju kao da se grle i pozdravljaju. Među njima jedan konjički narednik Odbrane Beograda izvi glavu, podiže je, baci jedan strašan i krvav pogled okolo, pa ponovo klonu i izdahnu. Njega behu doneli kao leš, a on je još bio živ. Kod prepunog čamca stoji narednik, beleži broj i vraća nosače:
— Nema mesta, ljudi, nema mesta!

U desnom čamcu nosači ređaju donekle teške bolesnike, koje donose u šatorskim krilima ili šinjelima, ali se lesa probija i bez reda uskače u njega i remorker. Jezivi jauci zgaženih mešaju se sa ludačkim zviždukom talasa. Na ivici mosta, pored prepunog čamca, jedan stari bradati vojnik trećeg poziva drži u naručju svoga sina, izbeglicu, čiji je nosić tanak kao igla i preklinje za jedno malo mesto. Mališan, zaogrnut parčadima šinjela, u vatri i uoči same smrti gleda nesvesno u oca i brzo diše.

Sa dna desnoga čamca jedan drugi težak bolesnik očajno zahteva da ga iznesu. On se upinje da viče i promuklo kaže:
— Ja znam za koga je određen ovaj čamac; ja znam: sve će nas baciti u more — a zatim on peva pesmu o mladoj devojci; on je poludeo i jedan mornar sa remorkera tužno ulazi u čamac da ga čuva do Ostrva smrti.

A dok se most ugiba pod teretom onih za koje nema mesta, poručnik komanduje:

— Gotovo, napred!

Remorker, koji je pun samo onih kojima nema spasa, zalarmi, zapenuša vodu oko sebe i krenu. Kad je malo odmakao, on je, sa čamcem s jedne i druge strane, ličio na crnu, ogromnu pticu koja je tu sišla da se napije vode. Odmičući, gubila se njegova larma i videla se samo katarka sa sve manjom zelenom tačkom.

Rekao bi čovek, to Haron vozi u pakao...

I kad se umiranje beše umanjilo, egoizam je vladao još neko vreme. Sopstvena briga za održanje egzistencije bila je svačija jedina briga. Mi smo imali prilike da, povodom optuženja jednoga regruta, Bogosava Branka Miloševića iz Bariča, sreza posavskog, okruga beogradskog, koji je kao bolestan napustio svoju komandu pa se lečio u kući jednoga Grka, pročitamo mnoge svedodžbe ispitanih svedoka po ovome delu, koje na jedan veoma izrazit način potvrđuju gornju konstataciju. Svi su svedoci izjavljivali: da je optuženi zaista bio teško bolestan, da je tražio od njih i ostalih pomoć u komandi, ali da mu tamo „niko nije mogao pomoći, pošto je, posle naše propasti, svaki gledao samo sebe da spase gladi i gadi".

Srbi nisu mnogo putovali i nisu mnogo znali o tuđem svetu. Oni su imali svoju malu zemlju, svoj vrt, koji su marljivo negovali, kome su se bili posvetili, u kome su se osećali zadovoljni i koji je njima izgledao sasvim dovoljan. Brigu da im se ovaj vrt očuva, brigu o svojim odnosima sa susednim narodima, oni behu potpuno poverili svojim vođama. I zato što ne poznavahu taj svet, kad se jednoga dana nađoše izvan domovine, oni su teško umeli da se orijentišu: na kojoj su to strani ostavili onaj svoj mali, mili vrt, koji su izgubili. Na Krfu, sve svoje dane oni su provodili na obali morskoj i dok im beskrajna pučina ulivaše meku tugu u duši, njihov je pogled bludio na sve strane. Oni nisu mogli znati gde treba da uprave svoj pogled ka otadžbini i zato je taj njihov pogled bio uvek pogled koji traži. Nekoncentrisani, oni behu postali rastrojeni još više novim i raznovrsnim utiscima. U jednoj sredini vrlo različnoj, među narodnostima koje su prvi put u životu videli, oni su se kretali zbunjeni, nespretni, prostodušni.

Po prirodi otvoreni i iskreni, oni ubrzo postadoše omiljeni kod svih s kojima dolažahu u dodir. I u tom druženju, pod mnogobrojnim novim i neočekivanim utiscima i onoj uposlenosti oko mnogobrojnih vojničkih dužnosti, oni su živeli nesređeni, neuravnoteženi, usplahireni.

Iz toga vremena mi se nećemo ustručavati da iznesemo jednu njihovu intimnu nadu: to je potajna želja, koja se momentalno beše javila, za jednom razrešenošću od svega, za nekom potpunom individualnom nezavisnošću. Sa sećanjem na užasnu i potpunu katastrofu, jedno zlurado uzbuđenje izazivala je naivna pomisao da je uloga odigrana do kraja. I zato je saznanje da se i dalje mora postojati kao organizacija palo neopisano teško. U toj novoj brizi šta će biti posle i u onom sećanju na ranije preživele napore, čovek se mentalno zanemarivao. A kako je povraćeni život rađao i potrebe, jelo se da bi se naknadilo, pilo se da bi se zaboravilo i radilo se zato što je tako moralo biti.

Krf, uostalom, to je jedno naše nezasluženo nacionalno poniženje. Krf, to je heroj u izlogu i u prnjama, koga su kroz prozorče hranili samo da bi ga održali za nove podvige i od koga su kroz isto prozorče potkradali ono što mu je ranije dodavano. U budućnosti on će biti slavan po kostima jednog namučenog i vernog naroda i, u isto vreme, prezren po kostima onog njegovog stalnog stanovništva. Krf, to je jedno od grobalja srpskoga naroda u tuđini, koje celo treba preneti u otadžbinu; to je dužnost naše budućnosti.

Na Krfu pogled je uvek bio mutan i ostao takav sve dok se nije krenulo na Halkidik. A tome putu radovalo se iskreno. U radosti ovoj, međutim, nalazio se prvi zračak razumnoga. Jer taj put, koji je značio pokret prema otadžbini, bio je tamo uputio i našu misao, koja je prvi put tada postala jedna jasna misao.

Na Halkidiku normalna svest se postepeno povraćala: položaj je postao određeniji, nada se činila osnovanija, cilj je izgledao bliži. Sa kratkog bavljenja u Solunu čovek se vraćao preobražen i preporođen. Često, izlazeći iz grada, gde je vrio život rata i njegove vrtoglave larme, nenamerno, večerom, skretao je on u njegove sporedne ulice, gde se rat skoro nije ni osećao. I tada, slučajno, njegov je pogled privlačio pokoji osvetljeni prozor ili pokakav veseo usklik. Kroz takav prozor, obično, on bi, u kakvoj svetloj sobi, ugledao sliku koja mu je izgledala čarobna i od koje bi se naježio. Ta slika koju je on video, to je scena intimne porodice. Sa izrazom divne sreće otac je držao sina u svom naručju, deda je čitao novine, majka je vezla, druga su deca snažno klicala. I ta čarobna i bajna slika Mira u jednom ogromnom okviru Rata privukla bi i prikupila svu njegovu dotle rasturenu pažnju. Kao ukopan i bez daha on bi zastao i gutao, udisao i grlio onaj život što je posmatrao. Umesto nepoznatih lica, on je u njima video svoje i sebe; sve što je tamo bilo on je zamenjivao svojim. I tako on se zamišljao, osećao, udubljivao i prenosio u kuću; i sa raskravljenim i omekšalim srcem koje je kucalo da iskoči on se unosio u onaj život koji već beše zaboravio.

Vraćajući se, po mesečini i stazama koje su presecale kao dlan ravne livade, u svoj logor što se u daljini video i sa svojim malim, čestim i razbacanim svetlostima naličio na groblje načičkano kandilima, on je poguren, potresen i sa srcem koje se stezalo od bola razmišljao o prošlosti, o kući i o svemu što ga je za nju vezivalo. Bez reda i bez plana rojile su se misli koje su bile i bolne i prijatne. I kad bi, umoren ubrzanim koračanjem, seo ili se poleđuške prostro na veliku i rosnu travu, on bi se zagledao u ono nebo što je isto i opet tako različno od njegovog srpskog neba; sećao bi se: kako je ono smešilo onda kad je on, iz nežnog krila svoje smežurane bake, prvi put gledao svet i tada bi se pred njim ukazivao raj... U polju, uz najlepšu pesmu prirode, žnjeo je ratar, snažan, rumen, vedar seljak, njegov otac. Oko njega klicala je mladež utrkujući se u poslu. To je moba na njegovom imanju... Sa skromne, bele crkvice na bregu zvono je objavljivalo sutrašnji svetli praznik, dok se njegova stara nana pobožno i krotko krstila, podižući svoje oči ovom istom nebu koje je sada tako hladno... Sutra je sabor i sutra, u crkvenoj porti i u šarenom kolu, zaveriće se na večan, zajednički život, neki od onih što danas u znoju i veselo kličući pomažu njegovom ocu. A zatim doći će svadbe na kojima će se utrkivati besni, gojni konji i na kojima će visoki, divni konjanici nositi trobojne barjake... U velikoj, beloj kući do crkve igraće se đaci, odnekle dolaziće zvuci frule... Tada, oh tada, činilo mu se, mirisala je svuda samo blagost, ljubav, poverenje, izobilje, sreća. A danas? Šta je taj Solun, tuđ, odvratan, svačiji? Šta je on prema Beogradu gordom, njegovom Beogradu, koga je čuvao, branio, otimao i koji je zato još više njegov, srpski, samo naš?... I ovo selo do koga se nalazi njegov logor, zar se može uporediti sa njegovim pitomim, bajnim selom kakvo još nije sreo u tuđini? I tako, u tom redu misli, on je obuhvatao, milovao, grlio otadžbinu, o kojoj nikad dotle toliko i tako nije mislio. Eto s tom normalnom svešću, koja mu se postepeno povraćala i eto u tom stanju, bolnom, punom tuge, punom nežnosti, on je tu otadžbinu najiskrenije zavoleo. Nikad ranije on je nije tako svesno voleo. Ranije, ova je ljubav bila instinktivna, nejasna, nesigurna; sad je ona postala svesna, razmišljena, prava, kao što obično i prirodno u tome biva prema onome što se izgubilo. A ova ljubav koju je stekao činila ga je ponositim. Sve što je dotle instinktivno bio uradio za otadžbinu sad mu se činilo dostojnije i herojskije i, osećajući da je zaslužan, on je postao ozbiljan.

S ovom tako svesnom i pojačanom ljubavlju prema domovini i sa svojim urođenim optimizmom, on je ponovo pošao na front u leto 1916. A sve što je pre toga video oko sebe na ovome frontu davalo mu je novu snagu. Za njega, koji se tako dugo borio samo sam, sa onim što je imao, a to je bilo tako skromno, prisustvo njegovih saveznika i njihovo bogatstvo značilo je najveće pouzdanje. S krajnjim naporom i najvećom nadom ponese on tada svoje izmučeno telo na front. I zato što je verovao da ide kući, on je izgledao podmlađen.

Samo posle nekoliko dana, međutim, on je doživeo novo razočaranje: on beše verovao da će napasti, a bio je napadnut; on se nadao da će poći napred, a morao se i povlačiti. To beše u avgustu. Ali i u tom otporu on je davao sve i ne samo da je odoleo napadima neprijatelja već je u septembru on neprijatelja napao. Njegovi saveznici bili su tada očevici njegovih samrtničkih napora i u prilici da se dobro uvere o njegovoj vrednosti i ljubavi prema otadžbini. Svojoj ranijoj slavi on je tada dodao i Kajmakčalan. A Kajmakčalan, to je pobeda koju je stvorio jedan svestan patriotizam, jedna ljubav koja je prosto značila: ima jedan narod na svetu koji će sav izginuti, jer ne može bez otadžbine. I zato što se i tu nije štedeo, ponovo proli mnogo krvi. Izlomljenih kostiju, probušene glave i grudi, savladan malarijom, on se ponovo vraćao nazad, dalje od kuće, dalje od svega za čim je tako goreo. Potom, morao se opet navesti na more koje nije voleo, da bi se, posle nekoliko dana, našao u Africi. Iz zagušljivog sanitetskog vagona, sa nosila na kojima je nepokretan ležao, on je, kroz mali, četvrtasti otvor kola nemo posmatrao beskrajnu, usijanu stepu. I dok je voz što ga je nosio prolazio stotine kilometara, on je nepomično gledao u nepoznate natpise na tavanici i sećao se poslednjih krvavih događaja. Tek kad bi se ovaj naglo zaustavio na kojoj od retkih stanica u pustinji što je gorela, on bi se trgao. A tada, podižući se s mukom, on bi, kroz vrata vagona, ugledao ljude što se, odupirući štakama, približavahu kolima. To su bila njegova braća koja, rasturena po raznim afričkim bolnicama, dolažahu da se raspituju o drugovima i novostima. Onda bi se njihovi vlažni pogledi susreli i neko sasvim meko, najintimnije srodničko osećanje prožimalo bi ih. A zatim, posle nekoliko isprekidanih reči, voz bi se krenuo. Ponovo zavaljen i umoran u nosilima, s očima uprtim u one nepoznate natpise na tavanici, on bi pokušao da se pribere i da se pita: šta će tu, u toj pustinji, u toj tuđini, tako sami, tako rastureni, jadni, bolesni i ranjeni Srbi? I jedan neiskazan bol stao bi ga gušiti; kao da se sav onaj zveket gvožđurije na onoj aždaji što ga je vukla kroz pustinju, slio u jedan ravnomerni, razdirući, beskrajan jauk, u jedno strašno jezivo „kuku-kuku"; i kao da se sva ona gvožđurija što je urlikala kao da će se iskidati svalila na njegove bolesne, ranjave grudi, koje je takav isti jauk razdirao. I besno žedan, gušen onom jarom što ga je okruživala, on bi padao u dug i težak zanos...

Onim istim oštrim čukama, što ih je nedavno bio osvojio, vraćao se on posle nekoliko meseci na front. Malaksao, sa rancem na leđima i štapom u ruci, čas-po-čas seo bi da se odmori. Lice mu je izbrazdano borama. Njegov zamišljen, dubok pogled pažljivo i mirno posmatra ona mesta na kojima se borio i groblja rasejana svuda. I ustajući naglo, on se približuje prvom od njih. Pognut i gologlav polako otvara vratnice uređenoga groblja, ulazi i, krsteći se pobožno, celiva veliki krst što je postavljen usred mnogih malih krstača, na kojima su razgovetno zapisana imena njegovih drugova. Hiljade uspomena rađaju se. Vaj! To nije mržnja što počiva ispod ove zemlje nezahvalnosti, to je ljubav! Ovo je groblje večno zatvorena kuća iskustva i mudrosti. U njemu je sahranjen jedan deo one budućnosti koja neće ličiti na prošlost.

I toga istoga dana on bi zauzimao svoje mesto u rovu. A rov, to je njegovo najmilije boravljenje u izgnanstvu i ni za trunku to nije preterano rečeno. On nije voleo bolnicu, on nije čekao da mu istekne bolovanje, on je uvek ovamo žurio, jer je hteo da je s drugovima i da je bliže, jer je voleo da s položaja gleda u daljinu, „onamo za brda ona" i da ugodnije sanja o kući. I tako noću, na objavnici i u rovu, dok s naviknutom pažnjom osluškuje prema neprijatelju i dok mu užasan tresak rovovca kida oslabljene živce, on razmišlja: otkad, eto, varljiva nada lomi njegov duh i njegovo telo i zašto se, posle toliko vremena, zora i sunce nikako ne pojavljuju? I kao kad je ranjen a neprevijen ležao na bojištu: krv lopi, snaga izdaje, pogled se gasi, nada se gubi — on je osećao noć u duši i svesti...

Tamo, jedna ga je briga uvek naročito rastrzala. To je briga o časti njegove porodice. Mi ćemo se na ovoj brizi njegovoj nešto malo više zadržati.

Pre ratova Srbi su se mogli ponositi svojim dobrim i čistim običajima. Najveći deo naroda beše očuvan. Porok se morao kriti po mračnim jazbinama, gde je imao svoj prostor u kome se kretao, jedan prostor ograničen, vrlo ograničen, kužan i prezren. Prag tradicionalno čistog ognjišta beše za njega nesavladljivo nepristupačan. Najveća porodična tragedija, to ne beše ni bankrotstvo, ni krajnja oskudica, ni smrt, to beše umrljana čast, osramoćeni obraz porodice. Neko osobito, sveto osećanje obuzimalo je čoveka u srpskoj kući, gde je kandilo iz ugla ozarivalo prostodušno i otvoreno lice vredne i verne domaćice i njezinih kćeri. Zadnja misao osećala se tu vrlo nezgodno, neiskren pogled lutao je zbunjen, ponižen i osramoćen. Na kapiji ove kuće, kad bi je napuštao, čovek bi se nehotice stresao zbog svoje urođene niskosti. Srpska kuća, pre ratova, značila je istinski odmor duše, pravu čistotu jednoga hrama, spas od niskih želja. Ono što je učinilo najlepšim Srbe u ratovima, to je ovaj moralni instinkt i ova moralna čistota, koju su oni izneli iz ovakve kuće. Polazeći u rat, oni behu poneli jedno urođeno osećanje o časti i svetinji porodice, za koju oni imađahu kult. Pobeđeni su zaista bili zadivljeni njegovim moralnim idealizmom.

Ali ono što su oni toliko poštovali u drugoga, njima od ovih nije poštovano. I eto to je rodilo njihov najveći bol i onu brigu koja ih je najviše rastrzala.

Pa ko je prvi pokolebao tako čvrste temelje onog hrama? Šta je uzrok njegovog odronjavanja, rušenja, njegovog pada, možda? Ima jedan prvi uzrok, i on je opšti: to je sam rat, zar ne?

Ali da još jedanput vidimo šta to znači. To znači: da je rat odvajanje. Odvajanje od kuće, prvo; odvajanje onih koji se bore i ratuju od onih koji se ne bore i ne ratuju, drugo. Odvajanje od kuće, to je zato da bi se očuvala ili uveličala opšta kuća; odvajanje onih koji se ne bore, to je i zato da bi očuvali kuće onima koji se bore. Jesu li ih oni očuvali?

Rat je odvajanje: odvajanje zdravih, koji se bore, od nezdravih, koji ostaju u kući. Šta još to znači? To znači: nezdrav duh ostaje da slobodno vršlja na domu. U ratu, ova pozadina, to je ono što je van opasnosti, to je ono što ne može da se uzbudi za nesebično i veliko, to je ono što je prirodom uvređeno, kivno, pakosno, razdražljivo i pohotljivo. U ratu, dok oni prvi podižu, ovi ruše; ustremljuju se i jedni i drugi:

prvi, da podignu čast narodnu, drugi, da obore čast narodnu; prvi, da osvetlaju obraz narodni, drugi, da umrljaju obraz narodni. I to je razumljivo; jer dok su najbolji van zemlje i udruženi, dotle su najgori u zemlji i bez takmaca. Ovi drugi, to su nakaze što se u miru stidljivo povlače i što su u ratu hrabri prema nezaštićenima.

Tako se kuća beše zaljuljala prvo iznutra, kao i svuda, od nakaza i pod sopstvenim udarcima najnižeg dela naroda. Ali su Srbi bili još nesrećniji sa svojim spoljašnjim neprijateljima, kojima su nedostajala njihova osećanja o časti porodice. U jesen 1914. izgoneći neprijatelja iz zemlje, oni behu poznali najljuću ranu. Od tada, izgleda nam, naš se narod osetno promenio. Njegov duh, dotle uvek vedar, otpočeo je da se muti. Oni koji su doživeli sramotu, nisu mogli više naći smisao požrtvovanja koje se od njih tražilo, a oni koji su bili pošteđeni, strahovaše za budućnost. I dok bi mnogi drugi smisao požrtvovanja tražili u strašnoj osveti, Srbi ga tu nisu mogli naći. Jer dotle oni gledahu rat svojim zdravim očima. Za njih on beše značio jednu krvavu, vitešku utakmicu, i to utakmicu između ljudi, isključivo između njih. A kad im se rat beše prikazao sa svima niskostima, koje oni nikad nisu očekivali da vide, oni se grčevito stresoše, on im postade odvratan, oni ga više ne mogoše razumeti.

Eto tako, briga o časti porodice beše njihova najgorčija briga u izgnanstvu. Iako im je smrt njihovih u ropstvu razdirala srce, oni su je uvek pretpostavljali sramoti.

Ovu svoju brigu naš je vojnik retko ispoljavao u razgovorima. A u tim razgovorima, dok se u sebi tresao jezivim i bezumnim smehom pajaca, dotle je, da ne bi izgledao smešan, čega se više bojao nego smrti, često pravio duhovite dosetke na svoj sopstveni račun.

Da istraju u svojim brigama, da izdrže u ovim duševnim mukama, da se dostojno i muški održe u svima iskušenjima, Srbima je pomogao njihov optimizam. A njihov optimizam je dosledan i neiscrpan onako isto kao što beše duboka nada njihovih predaka koji se, u malim ali čeličnim četama početkom prošloga veka, ustremiše na jedno carstvo.

Njihova vera u pobedu Dobra nad Zlim bila je nepokolebljiva i nikad nikakva iskušenja nisu bila u stanju da je oslabe.

Mi smo uvereni da Srbe niko ne bi mogao angažovati za jednu nepravednu stvar, kao što je retko koga tako lako bilo pridobiti za jedan pravedan cilj, ma kako teško bilo njegovo izvođenje. Među Srbima se moglo naći pesimista, za sve vreme ratova, samo u onom nezdravom delu inteligencije iz pozadine i jednom delu one što, školovana u Nemačkoj, beskrajno verovaše u njenu nenadmašnu moć. Mi mislimo da je pesimizam, u najviše slučajeva, lenjost. Oni što su uvek čekali da drugi za njih sve urade, pokazivali su se nezadovoljni čim njihova bezgranična i neumerena očekivanja nisu bila opravdana događajima. U svojoj truloj začmalosti oni su, da bi se pokazali živi, krojili neostvarljive planove. Takvi planovi rušili su se naizmenično, obarajući stalno njihove nade. To su oni isti, uostalom, što su od naroda pobegli još onda kad on, prvi put, na svoja snažna pleća beše primio teški teret rata; što silom prilika provedoše jedno kratko vreme s njim u Arbaniji, da ga ponovo napuste u Sv. Jovanu Meduanskom i što od tada, rastureni po gostoljubivim savezničkim varošima, gde se osećahu ugodno, nijedanput ne osetiše želju da dođu i da ga vide kako već tri godine u mukama živi na Solunskom frontu. To su oni, najzad, što bez sopstvene snage i vrednosti, osećahu ove uvek veće kod neprijatelja, koga se bojahu. Naprotiv, sa verom u svoju snagu i svoj napor, bez kolebanja, ne povodeći se nikad, narod je uvek išao uspravno ka pobedi Dobra. On je uvek imao ubeđenje da zlo mora biti neminovno kažnjeno. I pobedu svojih predaka nad Turcima on je shvatio kao pobedu Dobra nad Zlim; on je njihovu snagu samo tako i razumeo i u tome je i gledao što su se nalazili na strani Dobra. Nastavljajući delo svojih očeva i ustajući protivu Turaka, on je iskreno bio ubeđen da to čini u ime Dobra. S tim ubeđenjem da brani Dobro on je na Bregalnici pobedio Bugare i s tom verom on je 1914. odlučio da se ponese sa novim carstvom. U ime Boga, to je za njega značilo u ime Dobra i u ime Pravde i u to ime on je bio žrtvovao i izgubio sve.

Eto ta vera u krajnju pobedu Dobra, vera u neminovnost ove pobede, davala mu je snagu i činila ga istrajnim godinama. U svojim rovovima na ulazu u otadžbinu, on je tako strpljivo očekivao da se pojavi Pravda. A taj optimizam na Solunskom frontu bio je mnogima neshvatljiv. Na tome frontu on je uvek izgledao spreman za polazak. On nikad nije hteo da veruje da je to front odbrane. Svako novo pridolaženje trupa davalo mu je krila. Svaka artiljerijska demonstracija za njega je značila ofanzivu. Na pitanje: „Šta znače ovi topovski pucnji?", on je redovno radosno odgovarao: „Počinjemo, u ime Boga". I posle sviju razočaranja, pri novom bombardovanju, on je to isto odgovarao. On se nadao protiv svake nade, kako reče Ernest Deni. Svako izražavanje sumnje u to činilo ga je očito nezadovoljnim. U svakoj takvoj prilici njegov pogled kao da bi hteo da kaže: „Oh, ja znam da je to tako, ja to vrlo dobro znam, ali ja hoću da se nadam, ja samo od toga živim, ja hoću da se nadam do smrti". Bio je neiscrpan njegov optimizam...

Na frontu, on se nije napuštao. U svome slobodnom vremenu, on je radio ručne radove i jedinstveno dovitljiv on je iznenađivao svojim zdravim duhom i svojim izumima. Tek mnogo docnije moći će se potpuno oceniti vrednost ovih radova s obzirom na prilike pod kojima je on živeo i na sredstva sa kojima je raspolagao. Mi ćemo navesti jedan izvod iz izveštaja sa izložbe njegovih radova, koji je izneo jedan solunski list, s tom samo napomenom da se na ovoj izložbi nisu mogli pojaviti najbolji radovi, koji se kao nepokretni predmeti nalaze na frontu.

„Izložbu je sačinjavao skup raznovrsnih sitnijih stvari i minijatura, izrađenih delom od drveta i kože, a delom — i to mnogo većim — od čaura, kuršuma, parčeta od granata, čuturica, parčeta polomljenih puščanih cevi, od aluminijuma, mesinga, gvožđa, raznih metalnih legura. Čitav sistem modernog naoružanja ogleda se, u malome, u tim stvarima koje su sada dobile potpuno novu i miroljubivu namenu.

Od aluminijuma su izrađene duvanske kutije, upaljači, kutije za palidrvca, čaše raznih vrsta, lepeze, 'piksle' za palidrvca. Sve je to po izgledu vrlo skromno ali velikim delom i sasvim ukusno, naročito pojedine lepo izgravirane čašice.

Od mesinga i od kombinacija raznih metalnih polomljenih delova iz naoružanja, ima najviše predmeta. Tu su kutije za palidrvca i duvan, mastionice, svećnjaci, čaše, vaze, lampe, krigle, pljoske. Predmeti su od uglačanog ili mat metala. Ovaj odeljak je možda malo monoton po vrstama stvari, ali ipak ima prilično varijanata u formi. Naročito svećnjaci, kojih je najviše, predstavljaju dosta dobro tu raznovrsnost, svojim postoljem, ležištem za sveću. Inače oni su gotovo svi potkićeni čaurama i podnizani kuršumima svih vrsta ili šrapnelskim kuglicama. Ima osim toga lepih vaza i jedna lampa, potpuno kompletna, sa šeširom i svima atributima istinske lampe, a sve izrađeno od mesinga.

Iz pletarstva ima nekoliko stvari, među kojima, interesantan po zamisli, okvir za ikonu zajedno sa kandilom.

Od kože: razne torbe, opanci obični i sarački, korbači i fine minijature zaprežnog i jahaćeg pribora, u kome je sedlo osobito lepo.

Od drveta: duvanske kutije, ramovi za slike, mastionice, četke, kašike i viljuške, svećnjaci, čaše, kutije za šah — gde ima lepih i ukusnih svećnjaka. Grupu za sebe predstavljaju minijature buradi, od kojih pravu veštačku stvar predstavlja rad podnarednika Živana Ž. Negovanovića.

Naročitu grupu čine i muzički instrumenti: violine, tambure, dvojnice-svirale — sve izrađene vrlo lepo. Osobiti kuriozitet, i po materijalu i uopšte, predstavljaju gusle, a naročito jedne od turske aluminijske čuturice.

Ali možda najbolje od svega izgledaju tri fine minijature, koje predstavljaju nešto intimno i samo svoje. Tu je prvo jedan razboj, vrlo malenih dimenzija ali sa utoliko ukusnijim izgledom, na kome su vratila već navijena i žice u brdo uvedene, kao da samo čekaju vrednu žensku ruku! Zatim, jedna volovska kola sa išaranim kantama, u koje je ubačen jaram, sa okovanim točkovima i gotovo svečanim izgledom. I najzad, čeze, lepe, ukusne, sa malim korbačem čak, na kojima stoji natpis *Spomen na Mačvu*. Sve to ukupno daje utisak nečega našeg diskretnog, nostalgičnog, dirljivog.

I kad pogledate natpise na izloženim predmetima — natpise sa grubim, nejednakim i nesimetričnim pismenima — neverica vam je da se to radilo u prilikama tako malo udobnim za rad. Ali zato je cela izložba i predstavljala stvar od osobitog interesa za sve naše saveznike i za sve ljude uopšte, koje tek sada počinje da zanima, do sada tako malo poznati im, ratar-ratnik. U ulozi toga misionara, po sudu svih posetilaca, naš seljak je dao sjajan utisak. I pored mnogih predmeta gotovo primitivne izrade, on je ovim pokazao da, i kraj svih muka i nevolja, u njemu još uvek živi krepak duh i zdrava misao. I da bi se to još bolje odrazilo, stoji, kao podsećanje na podlog protivnika, u čelu izložbe bugarska tabla, na kojoj piše: *Braća, predavajte se, Bugari ne ubijaju, vaši oficiri lažu*, i koja ovom neuspelom perfidijom opominje na postojanost srpskog ratnika" („Narod" od 29. IV 1918, br. 269).

A Rajs je pisao: „Čekajući tako, taj ratnik ne zaboravlja poljske radove, on voli zemlju, ima instinkt seljaka za rad na zemlji, a potrebe ratne gone ga na taj rad... Svuda gde su bujne kiše ostavile malo plodna zemljišta po stenama, on stvara mali vrt, zaliva ga brižljivo vodom sa izvora, svežom vodom sa često vrlo, vrlo dalekog izvora. Crni luk, planinsko cveće, obrazuju skromni i lepi vrtić koji ga podseća na voćnjake, vinograde i sela, koje danas beru i uživaju drugi" („Ratni dnevnik", br. 132 od 12. V 1918).

Doista, uzgred, da li bi tu ljubav prema zemlji i pod onakvim prilikama, usred onog „očajnog kamenja", ispoljavao jedan ratnički narod, onaj koji voli rat i mučne borbe?...

Na frontu, kad god je imao mogućnosti, on je čitao novine ili pratio kad ih drugi čita i vodio razgovore. Sa najvećom pažnjom on je slušao one što su ih njegove starešine vodile i prepričavao ih sa osobitom preciznošću. Svoja bavljenja u Francuskoj, Italiji i Grčkoj, kuda je putovao službeno ili kao bolestan, on je znao da iskoristi. Tamo, on je umeo da zapazi, da uporedi, da oceni, da se oduševi ili ožalosti, pa je ove svoje utiske živo iznosio. Nas su vrlo interesovali ovi njegovi utisci o zemljama i narodima njegovih saveznika i u razgovoru s njim uočili smo da on, pošto je tamo video drugo uređenje i drugi način života, uvek ističe da pretpostavlja onaj svoje zemlje. Život velikih varoši, što ih je posećivao, izgleda mu da razjedinjuje, otuđuje, sputava ljude, pa je redovno preuznosio naše intimne, skoro srodničke odnose po selima i malim varošima, „gde se slobodno diše". On smatra: da se u velikim varošima gubi ono originalno jednoga naroda, njegova nacionalna boja, jer se u njima „sleže svet sa svih strana" i tako se unosi tuđe. Bili smo u položaju da s njim zajedno prvi put u životu vidimo za nas nove stvari, a slušali smo i od drugih, koji su s njim bili u velikim savezničkim gradovima, da misle kao i mi: kako se naši ljudi nikad nisu čudili ni zaprepašćivali onim što prvi put vide, kao da su ranije u svojoj imaginaciji sve to već videli i upoznali. Oni su sa otmenošću, koja im je u prirodi, obraćali sasvim ležerno pažnju na sve za njih nove pojave. G. Živan Živanović u svom predavanju, što ga je držao pred skupom Lionaca o srpskom seljaku, naveo je u ovom pogledu utisak o njemu pok. profesora Alberta Malea, koji je, pošto je više godina proveo u Srbiji, pisao: „Dosta je da vidiš srpskog seljaka kad prođe, pa da te odmah zadivi okretnost njegova držanja, prirodna otmenost njegovih pokreta. Jedan engleski putnik, V. Denton, napisao je: 'Svaki je Srbin džentlmen'. Uzet iz narodne sredine, srpski seljak gotovo tačno čini utisak što ga je osetio engleski putnik, pomišljaš na džentlmena. Ne zna čovek gde bi se moglo videti više prostog dostojanstva, više umerene srdačnosti od onoga što seljak pokazuje kad dočekuje goste" (*Domovina*, str. 82). Kad ovo dodirujemo, mi i nehotice moramo da se setimo Bugara. Godine 1905, ukoliko se sećamo, Sofijski univerzitet beše zatvoren i nekoliko stotina bugarskih studenata dođe tada na naš univerzitet u Beogradu, koji ih primi vrlo gostoljubivo. U tom vremenu mi smo bili u prilici da Bugare, u ovom pogledu, dobro upoznamo i da se u našim gostima jako razočaramo. Zaista besmo zgranuti njihovom spoljašnošću, njihovim držanjem i ponašanjem. S vrlo dugim i neuređenim kosama i bradama, zimskim kaputima i kaločnama u letnjim mesecima, u svemu zapušteni, oni su odmah svakome padali u oči i lako se dali raspoznati. „Da nigde nema blata, oni će ga naći", govorilo se tada u Beogradu. Tako nezgrapni, kaljavi i nečisti oni izgledaju žalosno na ulici, u školi i kući. Zakupci im otkazivahu stanove, i mi, njihovi drugovi, imali smo muke pri posredovanju da ih ovi milostivo zadrže. U hodniku Univerziteta, o kafanama nećemo ni da govorimo, oni su bili neizdržljivo nesnosni svojom vikom i neprekidnim i neprijatnim glasnim žagorom. Po nekoliko njih obično govore u isti mah i niko drugoga ne sluša. Često stajali su na samim ulazima učionica da se od njih bukvalno nije moglo ući unutra. Na naše „pardon" oni su potpuno bili neosetljivi i čovek je morao rukom i pokretom da ih opomene te da bi se mimo njih omogućio prolaz. A to isto morali su činiti i naši nastavnici.

Ali da pređemo dalje. O svakom narodu s kojim je dolazio u dodir on daje svoj sud i čovek ne bi mogao da se, uglavnom, s njim ne složi. Njegova duhovitost poznata je i najlepša u njegovim patnjama. Svoju kritiku svega što je, po njegovom mišljenju, za osudu, on je u stanju da obuče u takvu formu i da iznese na takav način, često oštar i uvek vrlo jasan, da i najvispreniji pravnik ne može tu da pronađe inkriminisani izraz i da protumači iznetu sadržinu kao kažnjivu. Zatim, on se neprekidno interesuje o situaciji i on je stalno o njoj dobro obavešten. On ume da nasluti događaje, ali voli i da veruje u proročanstva; on se raspituje o frontovima i vojskovođama; on zna sva istaknuta politička imena svojih saveznika, kao i prve političke figure svojih neprijatelja; on objašnjava krize u njihovim zemljama i poznaje ili traži da dozna pravce i ciljeve pojedinih premijera. Od njega se teško šta može da sakrije i njega mučno ko može da obmane što se situacije tiče.

I što je veoma značajno, on je, sa svojim logičnim i vedrim duhom koji teži da sazna smisao i cilj svemu, uvek znao šta hoće i on je stalno imao jasno osećanje značaja i smisla ogromnih napora što ih je ulagao.

Rođen „u neposrednoj i velikoj prirodi, uz miris planine koja čisti, na rekama čiji tokovi daju unutrašnji mir" (B. Lazarević, *Naš seljak*, „Zabavnik"), tamo, gde vazduh i sloboda znače jedno isto, tamo, gde se prostrani duhovni vidici otvaraju; stvoren i odgajen na zemlji, koju je stvarao, on je slobodu udisao s vazduhom i podjednako bez njih nije mogao. Jer ko bi mu zabranjivao slobodu, taj bi mu zabranjivao život. Eto zašto se on borio očajno, samrtnički, davljenički; eto zašto on beše zaprepašćen, kad ga predsednik Vilson, koga je on dobro shvatio i čijoj se odluci nekad toliko radovao, u jedno vreme nije bio razumeo. Ali on se brzo beše utešio, kad je ovaj objavio da s džinom, čiji je predstavnik, ulazi u borbu da bi Pravo postalo zakon u svetu; on se utešio, jer beše ubeđen da je njegovo pravo očigledno i njemu su bila sasvim razumljiva dva duha što se u ovom velikom dobu istaviše jedan protivu drugog, shvatajući sasvim dobro, da je njegovo mesto uz onog za koga je Pravo zaista zakon u svetu.

Mi se sećamo kako Monteskje, koji je imao suviše simpatije za ljude, pisaše: „Kad bih znao neku stvar koja je korisna za moju familiju, a nekorisna za moju otadžbinu, trudio bih se da je zaboravim. Kad bih znao neku stvar koja je korisna za moju otadžbinu a štetna za Evropu i za ljudski rod, ja bih je posmatrao kao zločin" (Alber Sorel, *Monteskje*, str. 46-47). Kad je Monteskje ovo rekao, on beše najbolje izrazio onaj prvi duh. Onaj drugi, grmeo je: „Sine Nemačke! Ne sažali se ni prema ženama ni prema deci: sin pobeđenoga bio je često sutra pobedilac. Šta vredi pobeda, ako sutra dođe osveta? Kakav bi otac bio ti ako bi, ubijajući tvoga neprijatelja, ostavio u životu neprijatelja tvoga sina? Sine Nemačke, koji si pod oružjem: grmi, lomi, obaraj, provaljuj, pustoši, pali, ubijaj, ubijaj" („La Voče d'Italija" od 11. XII 1917, donela je veran prevod ovog dokumenta nađenog kod nemačkih zarobljenika).

Zamislite jedan ceo narod koji je onako voleo ljude i onako ljubio Pravdu kao Monteskje! Verujte, ovi Srbi, ovi „vojnici Pravde", ova velika deca zlatna srca, kako ih naziva Rajs, svima svojim delima, svim svojim bićem ostvarivahu i sprovođahu onu njegovu plemenitu doktrinu, koja je ponajbolje izrazila sav njihov rasni instinkt i svu njihovu moralnu konstituciju. Onoga drugoga, onoga sile, oni behu strašna žrtva. Prolazeći kroz najveća iskušenja, oni su ipak konsekventno ostali protivu njega. Jer oni behu intuitivno shvatili i Tanenberga i Naumana i šta bi značila Centralna Evropa i jer ovome duhu i ovome mašinizmu, što ne može drugo da znači do robovanje, oni pretpostavljahu smrt.

I do kraja narod ovaj ostao je na svome mestu, čvrst i uspravan, pored one zastave na kojoj stoji zapisana velika ideja moralnog individualizma i suština svake demokratije: „Zajednica je cilj čoveka, i obratno, čovek je društveni cilj", moralno, intelektualno i što potpunije usavršavanje što je moguće većeg broja ljudskih bića; na onom mestu i pored one zastave, koja je tražila i koja će tražiti: „Pristanak čoveka na žrtve koje zajednica od njega zahteva, pošto je učinila sve da ga uveri, kako je njegov interes i njegova moralna dužnost da ih čini; da niko ne može biti smatran kao prosto sredstvo, već kao biće svesno i razumno" (Parodi, *Tradicionalizmi demokratija*, str. 322) i da može postojati samo jedan jedinstveni moral, isti za pojedince kao i za vlade, kao što zahtevaše Monteskje.

Eto to beše ideal za koji se on zalagao sav, telom i dušom, i radi čijeg je ostvarenja on strepio i drhtao uvek kad su se njegovi saveznici, uz koje se on nalazio neograničeno, bezuslovno, do poslednjeg, borili u Flandriji i Pikardiji protivu zajedničke i najveće moralne i intelektualne opasnosti. Eto za taj ideal on je živeo i prerano umirao i ko god bi hteo da ga pozna, morao bi ga poznati samo takvog, u toj neodoljivoj tendenciji, u tom idealu, u tom duhu.

7

L'histoire batailles i kako je potpuno shvaćena istorija. — Moralista i psiholog. — Jedna zamerka g. Le Bonu. — Napoleon I i Vilhelm II. — O neospornom kriterijumu. — Hoće li ogromno iskustvo najvećeg rata da posluži kao značajan činilac u borbi protivu rata? — Profesionalna psihologija. — Jedna značajna osobina Srba.

Bezbrojna pera latila su se već i latiće se tek da opišu ovaj najkrvaviji i najburniji momenat što ga čovečanstvo danas preživljuje. Ogromne knjige što će biti napisane o najzamašnijem sukobu naroda i zemlji će biti teške, a budući naraštaji gnjuraće se ipak duboko, dugo i sa puno strasne radoznalosti u tome moru knjiga, da bi pronašli drago kamenje istina, koje će žudeti da doznaju. Ono što će prvenstveno oni žudeti da dokuče, to je: istinsko stanje duha one generacije koja je na svojim plećima nosila značajne događaje; ono što će njih izvanredno interesovati, to je: šta su mislili, šta su osećali, šta su hteli i šta su se nadali oni, kojima je palo u deo da budu očevici, učesnici, tvorci i žrtve onih događaja od kojih počinje nova istorija.

Položaj tako radoznalih budućih naraštaja učiniće povoljnim to: što su savremenici velikih događaja uspeli da shvate značaj, zadatak i smisao istorije. Oni čiju radoznalost, što se tiče ranijih epoha, nije mogla da zadovolji nepotpuna istorija, koja se sastojala iz priča o međunarodnim i građanskim ratovima, *l'histoire batailles*, kako je naziva Diri, uspeli su da ovu shvate najpotpunije: kao istoriju svih radova, svih muka, svih smelosti, istrajnosti i napora (Fage). Tako shvaćena, uostalom, ona bi bila istinska učiteljica života budućih generacija; tako shvaćena ona bi poslužila da ogromno iskustvo onih, što su određeni da uzmu učešća u ovom tako burnom trenutku života čovečanstva, ne bude zakopano zajedno s njima; ona bi, najzad, pripomogla pravilnijem razumevanju velikih linija evolucije naroda. Jer kad se bude, sa što je moguće većom tačnošću, razumelo ono što je ranije bilo, shvatiće se sa više približnosti ono što će biti.

L'histoire batailles ostavila nam je u najvećoj tami prošle epohe. Istorija, čiji bi predmet studije bio ne samo materijalne činjenice i institucije, već ljudska duša; istorija koja bi težila da otkrije: šta je ova duša verovala, htela i osećala u raznim dobima ljudskog života (Fistel de Kulanž), ne bi nikad ostavila u sličnoj tami epohu koju opisuje. Eto zašto ona ima da proučava sve one pojedinosti koje će poslužiti da se rekonstituiše jedna ranija epoha, eto zašto ona treba da se trudi da marljivo prouči sve intimne pokrete duše onih ljudi koji su svojom akcijom to istorijsko vreme ispunili. „Dok se god pišu istorije pojedinih ličnosti, pa bile one Cezari, Aleksandri, ili Luteri i Volteri", pisao je Tolstoj, „a ne sviju, bez ijednog izuzetka, sviju ljudi koji imaju učešća u događajima, dotle nema nikakve mogućnosti da se opisuje pokret čovečanstva bez pojma o snazi koja nagoni ljude da svoju aktivnost upućuju k jednome cilju" (*Rat i mir*).

Da budućnost bude razumna, potrebno je da sadašnjost bude razumljiva; potrebno je, pre svega, da ona savremenicima bude razumljiva; nužno je, zatim, da savremenici, sa što je moguće većom iskrenošću, ispovede budućnosti svoja prava osećanja; od neizmerne je koristi da se iznese sušta istina. Poslužiće se budućnosti samo tako, ako sadašnjost, sa svima svojim naporima, patnjama, podvizima, sa svima svojim poniženjima, pogreškama i iluzijama, bude najvernije iznesena;

ako u tome značajnom poslu lažna pera, koja su velike događaje i život posmatrala izdaleka i ovlaš, budu izbačena i izlomljena. Rečeno je tako davno i tako mudro: da bi se sudilo, treba poznati. Oni, koji se sami nameću da se čuje njihov sud o stvarima i pojavama životne važnosti i čija su mišljenja od osetnog uticaja, dužni su najpre, mislimo, da dobro upoznaju ono što hoće da sude. Čovečanstvo je dosad najviše patilo od nesolidnih, brzopletnih, nesređenih savetodavaca i onih što su takve savete odlučno i naglo privodili u delo...

Generacija, koja se sama sebe odrekla radi budućnosti, učiniće besplodnim sve svoje napore, ako prema toj budućnosti ne bude iskrena. I svakovrsni pisci, kao i predanja, svojom neiskrenošću uslovljavaju redovno tamu svake epohe. Možda se tako i objašnjava činjenica da iskustvo ranijih generacija ostaje neiskorišćeno. Na onom mestu gde govori o nepristrasnosti u istoriji (*Francuska revolucija i psihologija revolucija*, str. 120-123) g. Le Bon je pisao: „Pisac, u stvari, gleda događaje kao što slikar gleda pejzaž, to jest svojim temperamentom, svojim karakterom i dušom svoje rase", i dok za moralistu nalazi da treba da sudi prema društvenom interesu, dotle, što se tiče psihologa, smatra da ovaj treba da ostane ravnodušan i da stvari naučno objašnjava onakve kakve su, ne baveći se njihovom korisnom vrednošću.

Mi se u tome potpuno slažemo sa g. Le Bonom i baš ono što bismo hteli naročito da istaknemo, to je: štetan uticaj onih moralista, koji se povode isključivo za tendencijama svoga duha, koji pišu prosto da bi sebi ugodili i koji ne čine nikakav napor da pronađu onaj društveni interes i onaj neosporni kriterijum o kome govori g. Le Bon; kao i štetan uticaj onih psihologa bez one ravnodušnosti koja se traži da bi se naučno objasnile činjenice; onih, koji unose takođe od svoga temperamenta i svoga karaktera.

Mi ne bismo mogli a da u red ovih poslednjih ne ubrojimo i g. Le Bona, koji je u svojim delima često pružao dokaza o odsustvu one ravnodušnosti, koju on preporučuje psiholozima. Mi ćemo ovde umoliti njegove čitaoce da se opomenu na primer: kako on sa primetnom srdžbom, na onom mestu gde se bavi Sjedinjenim Američkim Državama, dok one još behu neutralne, govori o plašljivim pretnjama predsednika Vilsona, koji se kolebao da se opredeli za rat. Ali naročito je potrebno da se pročita ona Glava o mentalitetu balkanskih naroda (*Prve posledice rata*, str. 247-251) pa da se, bez naprezanja i odmah, uoči temperament g. Le Bona. Niko ne bi mogao reći da je on ravnodušan prema Balkancima, na koje se on očito srdi i protivu kojih se udružuje čak i sa diplomatama, iako ih inače prezire i ne propušta da, svakom zgodnom prilikom, osudi; on se specijalno srdi, izgleda, na onaj narod među njima, koji beše povod najvećoj svetskoj eksploziji; mada on to nikad ne bi priznao, verujemo, jer i sam ima puno razloga kojima potvrđuje sporedan značaj onog povoda. Mi zameramo g. Le Bonu što je o balkanskim narodima pisao ne poznavajući ih ili poznavajući ih tako malo. Ali mi u tome ne mislimo da preterujemo, jer smo ubeđeni da karakter Srba ne može ostati nepoznat svetu, ako je ostao njemu. Ali ono što bismo se usudili da mu više zamerimo, to je jedna stvar opštijeg značaja, stvar kapitalna po posledicama, izgleda nam; ona koju mi ne možemo ovom prilikom da propustimo ćutke i koja se tiče ljudi u ratu, onih ljudi koji nam se čine neprirodni kako ih slika g. Le Bon kad opisuje rovovski život; onaj rajski život, gde su ljudi „veseli tamo i ne pokazuju nikakav znak umora".

Mi ne bismo u ovo pitanje sada ni ulazili da ono ne stoji u tesnoj vezi sa jednom osobinom Srba, koju ne možemo da ostavimo i da baš na ovom mestu ne istaknemo, i mi molimo da nam se ne zameri što ćemo ovde biti nešto opširniji i dodirnuti neka pitanja i probleme kojima smo mislili da se zabavimo jednom drugom prilikom, u jednoj drugoj našoj studiji.

U redu onih misli, o kobnim posledicama koje za sobom povlači neverno opisivanje ljudi i njihovih aktivnosti, uvek nam se pojavljuje Napoleon sa svojim ratovima i svojom „velikom vojskom". Mi se sećamo utisaka koje su na nas, što nismo Francuzi, ostavili njegova ličnost, njegovi ljudi i njegova aktivnost. Napoleon nam je, zaista, izgledao najprimamljivija ličnost u istoriji; dokle su nam njegovi ljudi naličili na mala božanstva, a njegovi ratovi na čarobne ljudske igre. Sve što je ovaj čovek sa svojim ljudima bio uradio, činilo nam se izvanredno, veličanstveno, natprirodno. U istoriji se izdvajalo ono njegovo doba u kome kao da su ljudi i život bili neobični, nestvarni. Taj život privlačio je, zanosio je i oduševljavao je; onaj čovek, proglašen za čudo, postajao je idol za obožavanje. Njemu se najviše divilo. Nijednom smrtnom, možda, nije se težilo da podražava sa više žara, nego što se upinjalo da podražava ovom „profesoru energije". On beše san koji je zanosio i opijao skoro sve prinčeve i vladaoce, sve đake vojnih škola i profesionalne vojnike. Svaki je hteo njegovu ambiciju i svaki se hranio njome, kao što se devojka hrani molitvom. Pred njegovom bistom u minijaturi, pognuti za pisaćim stolom, radili su i naučnici. Jednom rečju, za njegovom energijom boga čeznuli su svi redom. Zna se, da je i sam Napoleon osećao da je preterano ono što mu još za života behu ponudili iz njegovog naroda. Tako g. Le Bon navodi: kad ga je episkop notrdamski javno prikazao svetu kao inkarnaciju Proviđenja, on se ljutio i kazao jednome svome ministru: „Ja vas razrešavam da me upoređujete s Bogom. To mi izgleda tako preterano i neskromno i ja verujem da vi niste dovoljno razmislili o tome što ste pisali." Pa i pored toga, on je i dalje diviniziran. Da li je to ostalo bez posledica? Doista, nama je nepoznato: da li je g. Le Bon, posle poznatih otkrića, memoranduma kneza Lihnovskog, dr Milona i drugih, ostao i dalje pri mišljenju o Vilhelmu II, „neospornom pacifisti", ali smo mi neprestano skloni da verujemo: kako se on, kao i njegov sin, kao i najveći broj vladalaca, morao opijati Korzikančevom ambicijom. G. Žerar, bivši američki ambasador u Berlinu, u svojoj knjizi o Nemačkoj, naveo je da je Kajzer pisao: „Od detinjstva na mene ostavljaju utisak samo pet ljudi, Aleksandar Veliki, Cezar, Teodor II, Fridrih Veliki i Napoleon I; oni su sanjali o svetskoj carevini, oni nisu uspeli. Ja sanjam o nemačkoj svetskoj carevini i moja čvrsta desnica uspeće." Iako je, zbilja, nemoguće zamisliti: da se Vilhelm II nikad nije nalazio u mogućnosti da razmišlja o stvarima koje su sadržavale, na primer, ono što ima u *Apelu upravljačima* od Lava Tolstoja, nama ipak izgleda razumljivo kad taj čovek kaže ono što je naveo g. Žerar. Jer zaista: jeste li kadgod držali u svojim rukama uzde kojima ste, s naporom, zadržavali polet gojnih, besnih, punih snage konja koji vas voze? Ako jeste, onda ste morali osetiti jednu izvanrednu snagu u sebi, onda ste morali biti gordi što vladate jednom silom. Jeste li se kadgod zamislili u položaju vlakovođe, uspravljenog u svojoj lokomotivi što brekće, onoga ozbiljnog kao noć čoveka što, svestan da su u njegovoj ruci hiljade života što su se poverili samo njemu, kreće, upravlja i vodi, nad strašnim ambisima i po beskrajnim rajskim predelima, dostojanstvenu aždaju koja mu je detinjski poslušna? Ako jeste, onda vam je moralo biti razumljivo ono osobito osećanje o snazi čoveka gordog što vlada jednom tako moćnom silom. Jeste li se kadgod stavljali u položaj komandanta jedne veće vojničke jedinice? Prostrano polje prekrilila je vojska. Pored vas, uzdignutih glava, pravi kao borovi, sa sjajnim bajonetima, mladi i oduševljeni, marširaju pešaci; pod teretom strašnih topova trese se zemlja, a konjanici, sa sabljama koje sijaju, kao vihor proleću pred vašim očima. Poduzima vas jeza pri pomisli šta sve može ova snaga koja je u vašim rukama i čeka samo vašu zapovest; prožima vas jedno osećanje gordosti kad pomislite: da je sva ova snaga vaša snaga i da tom silom vi vladate.

Prenesimo se sad, koliko je to više moguće, u Vilhelma II: najsnažnijeg, u tom pogledu, čoveka u istoriji, najsnažnijeg osobito po tome što je raspolagao najpokornijom snagom u svetu. Milioni ljudi sa mrtvačkom ukočenošću tela, sa uzdržanim dahom, sa jednim izrazom koji nema veze sa razumom, već koji jedino znači isključivu, nesvesnu, instinktivnu odanost jednom čoveku; milioni ljudi jednoobraznih u glavnoj stvari, apsolutno složnih u jednoj dužnosti kao prvoj i najprečoj, očekuju samo da čuju njegovu reč, koja za njih znači svetinju. Ta mašina, koja predstavlja jednu silu što iz osnova može da menja stvari u svetu, potpuno je u njegovim rukama. Setite se, dalje, da je ova mašina u najsporednijem svome detalju savršeno ispravna. Sve iz čega se ona sastoji sračunato je prema jednom jedinom cilju. Radi toga cilja u potpunoj je harmoniji i onaj najdelikatniji instrument što se zove Nauka, koja se, žrtvujući svoje dostojanstvo, stara, s puno predanosti, da objasni kao sasvim opravdanu mehaničarevu ambiciju. Prirodno, čini nam se, ova mašina, koja je pri svakoj probi besprekorno funkcionisala i predstavljala retkost savršenstva, morala je da pomuti um mehaničarev.

Da ova mašina ostane inertna ili da se zavitla, mi znamo, to je zavisilo od mnogih pogodaba. U samoj njoj, kao i van nje, nalazili su se elementi što su izazivali njezine pokrete, samim tim što je konstruisana, ona je imala svoju namenu. Ali ni mehaničar nije bio činilac *negligeable*. On je imao da učini odlučujući pokret. Kao ono miner, on je u svojoj ruci držao vrpcu. I, opijen slavom ljudi koje je pomenuo, Vilhelm II nije se mogao uzdržati da je ne trgne.

Mi se sećamo da ovde dodirujemo jedno pitanje ogromnog značaja, ono o slobodi volje. Na njega, mi se nadamo da ćemo se moći vratiti docnije, tj. u drugoj prilici.

Ali reći ćemo samo da verujemo ovo: Vilhelm II, kao i Napoleon, uticali su u svetu; o njihovoj odgovornosti može se govoriti. Da je Napoleon za sve vreme svoje aktivnosti bio samo lutka ili ona figura na kljunu lađe, koja divljacima predstavlja silu što lađom upravlja, ili ono „detence što drži za uzdice pa misli da ono tera karuce", izgleda nam, da bi se malo njih danas mogli složiti s Tolstojem. Zato što je hteo da sasvim umanji značaj koji su Napoleonu pripisivali oni što ga proglasiše za čudo i tako padoše u jednu krajnost, Tolstoj je i sam pao u drugu. Zato što je Francuz onoga bio popeo na pijedestal božanstva, on, Rus, upeo se bio iz sve snage da ga strovali. On je hteo da obori genija, koji je tamo imao da bude božanstvo, pa je otišao tako daleko da je odricao onu ljudsku moć kojom se dostiže viši stepen sposobnosti, koja je retka i kojom se izuzetno odlikuju izvesni ljudi. On je hteo da kontestira jedno lažno božanstvo, pa je odricao mogućnost jedne pojave čiju je realnost dokazao baš svojom ličnošću.

Mi svi znamo da Napoleon onakav kakav je nije svoje sopstveno delo. Ali njegovo neumereno slavoljublje, kao pojava, imalo je biti nepristrasno ocenjeno. Da je Bonaparta ocenjen onakav kakav je u stvari bio, da je njegova aktivnost objašnjena s obzirom na onaj društveni interes i onaj neosporni kriterijum o kome govori g. Le Bon; da je, jednom rečju, on bio postavljen na svoje pravo mesto, izgleda nam, on ne bi bio ni onako obožavan, ni onoliko podražavan. Njegove male figure, s „bankarskim trbuhom", „podbulim licem", s rogljastom kapom i skrštenim na prsima rukama, ljudi bi se sećali s jezom, možda, s odvratnošću; dok bi ponašanje ser Hadsona Loua prema njemu na Sv. Jeleni, u očima sviju, bilo sasvim opravdano i umesno. Da je, s druge strane, njegova aktivnost onakva kakva je u stvari bila, sa svima svojim užasima, sa svima svojim stradanjima i bolovima, verno naslikana, rat bi, u mozgovima ljudi, značio nešto sasvim različito od čarobnih i fantastičnih ljudskih igara. Jer, u čemu to beše ambicija Napoleonova, šta to beše pokretač njegove delatnosti, šta je hteo ovaj čovek kome se toliko divilo? Njegova ambicija bila je prosto u tome: da sebi potčini svet. Mučen ovom strašću, on je bezumnom snagom krčio put na kome se pre njega tako grozno behu srušili drugi. Bonaparta je hteo da vlada svetom; on je hteo nešto nemoguće. Da je nemoguće bilo ono što je hteo, dokaz je to: što on, i pored nesravnjene istrajnosti svoje, i pored najsjajnijih vojničkih sposobnosti kojima se odlikovao, i pored najveće odanosti ljudi kojima je upravljao, nije uspeo. A ono što je on hteo, bilo je nemoguće, jer se protivilo zakonima koji su njemu bili nepoznati ili koje on nije hteo ili nije umeo da poštuje. Da bi ostvario ono što je nemoguće, on je, zna se, doprineo da svet pod njim pozna jedno od najstrašnijih krvoprolića u istoriji.

Ah, na tom nemogućem mozgovi su imali odlučno da insistiraju, a ne na ličnosti Bonapartinoj, koja je slavljena baš zbog toga što ga je htela.

A to nemoguće, to je onaj opšti interes i neosporni kriterijum, koji je imao da postane, možda, večna aksioma. Pred tom aksiomom istorija se, verovatno, ne bi još strašnije ponovila; pred njom, da li bi mogle biti izgovorene reči Vilhelma II: „Sećajte se da je nemački narod izabran Bogom; na mene, cara nemačkog, sišao je duh Božji, ja sam njegov instrument, njegov mač, njegov branilac" (*Evropski rat i njegova psihološka učenja*, str. 182).

Mi smo neprekidno pomišljali na one pisce koji su zanemarivali onaj društveni interes i onaj neosporni kriterijum, pa smo se pitali: zar je neizbežno da i psiholozi padaju u istu grešku, slikajući ljude ne onakve kakvi su oni u stvari, već po svome ukusu, neprirodne i nestvarne? Bonapartu smo gore uzeli za primer zato što nam njegova pojava, po posledicama o kojima govorimo, izgleda najviše dostojna pažnje. Pisci, međutim, koji su onaj društveni interes imali na umu, uvereni smo, najvećma su zadužili čovečanstvo. Zato što onaj kriterijum nije gubio iz vida, Alfred de Vinji, ovaj aristokrata pun poštenja, govoreći o Bonaparti na usta kapetana Renoa, i rekao je: „Divljenje jednom vojskovođi postaje strast, zaslepljenost, mahnitost, koje od nas stvaraju roblje, besomučnike, slepe ljude (*Robovanje ili veličina vojničkog poziva*). I zaista, on je tako mnogo u pravu: mi smo Napoleona divinizirali, potrebno je Vilhelma đavolizirati.

G. Le Bon je, možda, bolje nego mnogi drugi postavio vojskovođe na ona mesta koja im pripadaju, ne dodajući im ništa i ne oduzimajući im ništa; ali zašto nije postupio isto tako sa svima ljudima i njihovim aktivnostima, zašto je kao psiholog idealizovao borce i zašto ih predstavlja u nemogućim pozama, kad posledice toga preterivanja nisu nimalo manje štetne? Jer zaista oni ljudi, kako ih on slika, izgledaju nam sasvim neprirodni. U svome referatu od 9. avgusta 1914, ser Edvard Gošen, ambasador engleski u Berlinu (*Engleska diplomatska prepiska*), opisujući opširno svoj odlazak iz prestonice Nemačke i ističući najveće napore g. Jagova da se prikače vozu i jedna restoran-kola, završava svoj referat rečima: „Ali osim pevanja patriotskih pesama i nekoliko podrugljivih i uvredljivih gestova, mi doista ništa drugo nismo imali da izdržimo na našem zamornom putu do Holandije".

Zamislite, da se i sam ser Gošen zamorio na svome putu do Holandije i pored vagon-restorana! I ako nam budući naraštaji budu verovali sve što im danas govorimo, gle šta se može desiti: da naši potomci bezobzirce begaju iz diplomatije, gde ih čeka umor, i da čeznu za rovovskim životom, onim rajskim životom razonođenja o kome govori g. Le Bon.

Kad bi istorija, mi smo rekli, bila istina o prošlim događajima, budućnost, koja bi iz nje izvlačila lekcije, moguće je da ne bi mnogo naličila na prošlost. Kad bi one monstruozne istorijske ličnosti bile postavljene na svoja prava mesta i rat sa svima svojim strahotama bio opisan onakav kakav je, a ljudi onakvi kakvi su u stvari bili, verovatnost rata ubuduće bila bi umanjena ili, bolje, odstojanje između ratova bilo bi duže. Potrebna bi bila iskrena pera koja bi, iznoseći suštu istinu, buduće generacije opila mržnjom prema ratu i ubedila ih: da je zemlja ipak raj kad njome vlada mir i da je ona pakao kad na njoj besni rat. Vreme bi bilo da čovečanstvo, koje je dosad naviklo na rat, otpočne da se navikava na mir. Ono je dosad stalno u miru očekivalo rat, vreme je da ono postane spokojno i da, najzad, stekne normalnu temperaturu. Ogromno iskustvo ovoga rata trebalo bi da posluži kao značajan činilac u borbi protivu rata. Hoće li ono zaista biti takav činilac? Da, uzgred, vidimo.

Mi smo živeli u vremenu kada je krajnji cilj društva imao da bude: stvaranje što je moguće pravičnijih i boljih uslova za usavršavanje najvećeg broja ljudskih bića i da postigne što je moguće veću uštedu izlišnih muka, napora i uzaludnih ljudskih patnji. Ovaj cilj, istina, nije bio shvaćen jednodušno, i oni koji nisu verovali da je to poslednja reč morala postavljali su društvu razne druge ciljeve. Ali je on pripadao kako jednom delu elite skoro svih narodnih grupa, tako i najvećem broju ljudskih bića ovih grupa, koje se povode za elitom. Njemu je svesno ili nesvesno težio najveći deo čovečanstva; da ga ostvari bila se angažovala jedna ogromna snaga. Umesto najviše moguće sreće, naše je doba doživelo da vidi najveću nesreću najvećeg broja ljudskih bića, njihove najveće muke i najstrašnije napore i trpljenja.

Jesmo li mi bili prvi što smo uočili onaj uzvišeni moralni princip i onakav zadatak društva kao najbolje opravdan razumom, pa doživeli baš suprotno onome čemu se težilo? — Nismo. Zar ne, sve je slično bilo i pre nas, razume se ne oduvek, i s tom razlikom, možda, što se onome cilju težilo više nesvesno, manje kuražno i sa manje sredstava za njegovo ostvarenje? Prema tome, jesmo li se koristili iskustvom ranijih generacija i njihovim razočaranjima? — Kad nismo, onda na osnovu čega se nadamo da će to moći učiniti buduće generacije?

Jer, prvo, moralni principi nisu na isti način i podjednako shvaćeni od svih ljudi; o njihovom prvenstvu i o tome kako da se oni izvode i ostvaruju ljudi se neprekidno prepiru. To važi, najpre, za elitu, koja se trudi da uoči i dozna čemu to treba težiti. Pretpostavimo da posle jednog ovako zamašnog društvenog sudara koji smo mi doživeli da vidimo i posle ogromnog ljudskog iskustva što je stečeno, bude moguće uočiti sasvim pravilno šta i kako treba raditi radi ljudske sreće, boljeg i lepšeg života čovečanstva. Ali prvo što je nemoguće, izgleda, to je da će se elita sviju grupa naroda u tom jednodušno složiti. Morala bi da iščeznu mnoga razna ljudska osećanja prethodno, da nestanu i iščile mnoge strasti, da se ugasi i zavist i ambicija i težnja za originalnošću i modom i dr. pa tek da bi se ova jednodušnost mogla postići i onaj paralelizam u težnjama mogao ostvariti.

Drugo, čovečanstvo i ne ulaže podjednako napor koji se traži kako bi rešilo svoj prvi i najveći zadatak što se sastoji u disciplini ljudskih strasti. Zna se da su svi pokušaji u tome nasedali redom, jer dok je u čoveku razvijano čovečansko osećanje samo uopšte, dotle je uporedo njegova strast upućivana prema izvesnom specijalnom cilju posebice; dok je u njemu apstraktno negovano čovečansko osećanje, dotle su konkretno podsticani njegovi primitivni instinkti. Ljubi svoje bližnje, uče i Nemci i Bugari, ali Nemci dodaju još: mrzi Engleze, a Bugari: mrzi Srbe.

A zatim, ima u jednom istom narodu grupa koje se sa svojom elitom takođe nikad ne bi mogle složiti. Ima takvih grupa čija je socijalna uloga značajna i čije članove ono iskustvo, što je pružila velika konflagracija, ni najmanje nije kosnulo. Ima ljudi pojedinih društvenih redova koji se s mesta, odakle su gledali i shvatili stvari pre preživelog ili doživelog iskustva, nisu pomakli ni za jedan jedini milimetar, koji su bukvalno ostali isti, na svojim starim, naviknutim osmatračnicama i uvek u veri da će se svet ponovo vratiti u svoje mentalne navike pre rata. To su oni, na primer, koji instinktivno drže da u ovom životu samo veštiji pobeđuju, koji se ne pašte oko moralnog pravila, koji su vrlo zadovoljni što i u toj materiji još donekle vlada sumnja i koji se ni najmanje ne boje moralne odgovornosti, već samo one što je sankcionisana Krivičnim zakonikom; to su oni što smatraju: da je cilj života obogatiti se ili se uspeti na ona društvena mesta na kojima je vrlo ugodno i da je sredstvo za to iskoristiti neveštije i slabije u socijalnom smislu. I to su, naposletku, oni koji veruju da se velika tragedija odigravala samo zato da bi dala maha njihovim sposobnostima iskorišćavanja i kojima je neshvatljivo da su i oni bili dužni u njoj da budu žrtve. Neizmenljivi, oni su neumoljivi i bezdušni prema onima koji su prinuđeni da se žrtvuju, i sve promene, što su se izvršile u dušama i shvatanjima onih drugih, njima su ostale nepristupačne. Iz velikog događaja ova grupa izlazi nesrazmerno ojačana u materijalnom pogledu, a kako se među ogromnim žrtvama, što ih je događaj progutao, nalazi i pokoja njihova, što je neizbežno bilo, to se oni, iskorišćavajući to najodlučnije, uobražavaju i moralno jaki. Jesu li, prema tome, osetno izmenjeni uslovi koji se tiču zavisti među ljudima i zar provalija nije utoliko veća među njima kad se, s jedne strane, nalaze oni s elementima duševnog života iz osnova izmenjenim, promenjenim idejama o životu i dužnostima u njemu; oni sa novim težnjama i pogledima na stvari i oni, s druge strane, koji su svemu tome ostali nepristupačni, koji su ostali isti i koji se znaju ili zamišljaju ojačani u mnogom pogledu? Zar su onda uklonjeni uslovi surove borbe i zar nije vreme da se jedanput tačno odeli ono što se želi od onoga što se nikad ne može postići?

G. Le Bon, govoreći o svojstvima karaktera stvorenim ili razvijenim u ratu, ističe da je ovaj neiskazano uzdigao energiju, volju, osećanje odgovornosti i, naročito, naviku napora kod ljudi. I to uzdizanje nivoa našeg karaktera i taj stoicizam predstavlja, po njegovom mišljenju, jednu od najvećih dobiti koje će se izvući iz velikoga evropskoga sukoba. Jedan čovek kome se mi najviše divimo od živih, g. Bergson, na koga se g. Le Bon poziva za potvrdu gornjeg konstatovanja, napisao je: „Ova produžnost u volji bila je, možda, jedna od najznačajnijih kvaliteta stvorenih ratom. Da li bismo mogli i zamisliti jednu tako produženu istrajnost hrabrosti u produženoj opasnosti koja joj nalaže juriš, sve to što je bilo kušanje hrabrosti postaje skoro razonođenje. Ne, izvesno, naša imaginacija ne beše se uzdigla na visinu ovih realnosti" (*Prve posledice rata*, str. 71).

Da čovek može više nego što veruje da može, to je toliko puta tako sjajno odostovereno. I to više nego što je verovao da je mogao, on je davao u ratu i još uvek daje. Neosporno je, međutim, da taj preterani napor ima za posledicu brzo, prevremeno upropašćenje ljudskog organizma. Često smo se pitali: zašto i suviše kabinetski ljudi ne pokušavaju da se unesu u te naše izmoždene, iscrple i posve malaksale organizme? Onaj se napor, pre svega, nikad ne može uzeti kao razonođenje, i kako je mogao to reći jedan Bergson? Ona produžnost volje i onaj ratni napor, koji je prinudan, nikad se u miru ne bi mogao ostvariti baš zato što bi zavisio od dragovoljnog pristanka. Jesu li onda moguća naprezanja koja se pretpostavljaju, kad ona treba da budu ostvarena fakultativnom inicijativom jednog izmoždenog organizma? I prema tome mi nalazimo da smo u pravu kad se pitamo: hoće li oni, s novim težnjama i pogledima, sa izmenjenim elementima duševnog života, o kojima napred govorismo, oni novi ljudi s novostečenim idejama, imati snage da otpočnu novu borbu za velike ciljeve koje naziru, hoće li premorenima vredeti navika napora?

A zatim: ima ljudskog iskustva koje je razum uvek efikasno iskorišćavao i koje će večno iskorišćavati. To je ono saznanje o snazi, oružju, lukavstvu i drugim sredstvima korisnim i zgodnim da posluže prilagođavanju spoljašnjoj sredini i međusobnim odnosima ljudi. To je, u krajnjoj analizi, iskustvo ljudskog razuma, koje je iskorišćavao i koje će stalno iskorišćavati ljudski razum. Ima ljudskog iskustva, međutim, koje razum nije iskorišćavao i koje, po svoj prilici, još zadugo neće iskorišćavati. To je iskustvo ljudskog srca, to je ono neposredno i lično saznanje ljudske duše, intimno, ograničeno i neprenošljivo; to je iskustvo koje se obično gasi sa životom onoga koji ga je stekao; kome je ono isključivo pripadalo i kojim se on, najčešće, jedino mogao koristiti. Za sve ostale, ono je sasvim strano, za druge, ono ostaje nepoznato, nepojamno. Iskustvo o ratu, to je bolno i neprijatno saznanje o ratnim užasima, stečeno ličnim posmatranjem i neposrednim učešćem lica u njima. Onaj koji je stekao ovo iskustvo koristiće se, verovatno, da ga, ukoliko do njega stoji, ponovo ne uslovljava i ne izaziva. Po izuzetku, od onih koji ga nisu lično preživeli, vrlo obazrivi, vrlo uviđavni, praktični i štedljivi duhovi, čiji broj nikad nije veliki, koriste se takođe, ali ne zato što su ga uspeli poznati kod prvih, već stoga što strahuju da ga sami upoznaju. Oni se koriste tuđim iskustvom samo utoliko ukoliko su ovo ocenili kao mučno, bolno i neprijatno saznanje. Kod svih ostalih manje praktičnih, manje uviđavnih i obazrivih duhova sa, u raznim stepenima, prirodnim avanturističkim naklonostima, ovo tuđe iskustvo draži i podstiče radoznalost. Čovek je radoznao da proveri, da lično preživi, da pozna i neposredno oseti mnoga tuđa iskustva, ma koliko se ona činila bolna, neprijatna i rizična, samo ako ima ma i najmanje verovatnoće da u tome neće izgubiti sve. Poznato je, pored toga, kako je čovek sklon da podražava. A ako je još to što on ide da podražava ocenjeno kao uzvišeno, kao što su ratni podvizi, na primer, onda je on u tom svom podražavanju neobuzdan. Osim toga, ljudi, po pravilu, ne iznose drugima verno i iskreno svoja iskustva iz rata. I sve se to čini nenamerno. Zna se da čovek sa zadovoljstvom, i čak slašću, voli da se podseti preživelog, neprijatnog događaja; valjda i zato što je svestan da se, u tom momentu, nalazi van svake opasnosti. On se oseća gord što je u takvom doživljaju uzeo učešća, što ga je izdržao i što se svaki time ne može pohvaliti. Čovek se, uostalom, oseća i zadovoljan i gord kad god je u stanju da pokaže kako pripada izabranima ovoga života. I, eto, zato je za ljude, uopšte, malo šta tako prijatno kao kad, pod posve povoljnim prilikama, drugima pričaju o svojim neprijatnim, mučnim i opasnim doživljajima. To se obično čini tako da onoga koji sluša onaj događaj, koji se priča, iznenađuje i zanosi, da bi junak priče imponovao. S ležernim, prezrivim osmehom, popraća se i vrlo prisebno opisuje do sitnica jedan, u stvari, užasan događaj koji je prošao. Na taj način, situacija onoga, koji opisuje svoj tako interesantan slučaj, draži. Junak, a on je u mnogo onih prilika najveći strašljivac, vrlo često smešan, junak se zamišlja od slušalaca sa onim istim lakim i prezrivim osmehom koji sasvim potcenjuje opasnost o kojoj je reč i sa onom istom prisebnošću usred najkrvavijeg okršaja i najjezivije situacije u kojoj se bio nalazio. I tako ono opisivanje uznosi junaka i, u isti mah, začinje misao da se oproba sličan podvig, da se nađe u sličnom položaju, da se čovek lično okuša. Eto zašto ono iskustvo srca ne služi da pouči buduće naraštaje u tom smislu da protiv rata vode rat. I kao što smo mi, odlazeći na granicu i bacajući poslednji uzdržano-podsmešljivi pogled na ponosita ali zabrinuta lica naših očeva, polazili radoznali i vedri, s bezbrojnim iluzijama o čarobnom novom životu u koji stupamo, tako će, verovatno, i naši potomci, zavedeni nešto našim neiskrenim pričama i opisima, nešto radoznali da provere, prežive i osete naše iskustvo, polaziti u nove borbe s onim istim mislima o čarobnim igrama o kojima su sanjali, sve dok ih prva predstraža ili prva borba ne urazumi. — I danas, evo, mi smo svedoci istih pogrešaka, koje se ponavljaju. U knjigama i konverzacijama ništa nije ređe nego moći pročitati ili čuti iskreno ili istinito. Najveći broj i danas sudi o svima stvarima prema svojim optimističkim ili pesimističkim dispozicijama i težnjama svoga temperamenta, nad kojim se niko ne trudi da uzdigne; i tako: o činjenicama, pojavama i važnim odnosima govori se i dalje bez iskrenosti, bez poznavanja, bez objektivnosti i po čuvenju. O onome što je moguće da se vidi, prouči i upozna na licu mesta, na izvoru, sudi se i zaključuje sa udaljenih osmatračnica, odakle se rasejano posmatra s rđavim durbinima. Lažno iskustvo ponovo preti da dovede u zabunu budućnost. I ako bi, doista, opet tako bilo, onda mi nikad ne bismo mogli naći razloga da pozavidimo onim budućim naraštajima, koji će dočekati da u miru žive od naših napora. Jer bi oni živeli samo u iluzijama, dok mi bar možemo reći sa gordošću da smo, živeći u jednoj od najznačajnijih era ljudske istorije, bili očevici realnosti i istina, suštih istina, koje su nam otkrili veliki događaji, uništivši spoljašnost, prividnost, masku...

Da u prednjim vrstama dodirnemo izvesne poglede, koje smo nameravali da iznesemo u našem drugom delu, dala nam je, kao što napred rekosmo, povoda jedna izvanredna osobina Srba, koja nam se čini osobito značajna i na koju moramo baš sada da ukažemo govoreći o njihovom karakteru i mentalitetu. U toku ratova mi smo bili u prilici da upoznamo razne narode i mi smo kod većine njih nalazili sjajnih osobina, dostojnih iskrenoga divljenja. Ali u jednom pogledu mi se nismo mogli uveriti da je ma ko od njih nadmašio Srbe. To je u pogledu usmenog predanja, koje ima tako ogroman uticaj na ljudski život, gde mu nigde nismo mogli naći ravnoga, gde nigde nismo mogli videti više iskrenosti. Nešto „veličanstveno skromno", primetio je kod njih, mi se sećamo, jedan francuski general; a u toj veličanstvenoj skromnosti nalazi se ona iskrenost i ona pravost njihova.

Srbi su seljački narod. „Ima jedna profesionalna psihologija za svaki zanat", kazao je Poenkare; „osećanja ratara nisu ono isto što su osećanja finansijera" (*Poslednje misli*, str. 228-229). „Onaj prvi rađa se u prirodi. U njoj, na visokim planinama, on stiče instinkt nezavisnosti, gordosti, smelosti i njom je stvoreno i nadahnuto njegovo osećanje. Iz tog osećanja izlazi onaj opšti pokretač akcije." Ono što naučnik postaje kroz znanje, s naporom, veštački, on postaje spontano. Njegovo se osećanje rađa, onako isto, i stvara iz stalnog odnosa s onim što je veće od njega, uzvišenije od njega, prostranije od njega, što ga nadmaša, sa prirodom, u kojoj on neprekidno nazire ono neiscrpno veliko i u kojoj, razdragan, zaboravlja na onaj sitan život, na sebe, i tako postaje moralno svež, zdrav, čist. Kao što će svaki „koji je osetio i video, makar izdaleka, veličanstvenu harmoniju prirodnih zakona, bolje nego drugi prenebregnuti male egoistične interese i imati jedan ideal koji će više voleti nego sebe" (*Poslednje misli*, str. 230), tako je on uvek u prisustvu onog uzvišenog, velikog, uvek s prirodom bio kadar za nesebično, za istinito, za pravo. „A tu je jedini teren na kome se može zidati moral", veli Poenkare (*Poslednje misli*, str. 230); i on nastavlja: „Za ovaj ideal, on će raditi ne štedeći se i ne očekujući nikakvu od onih grubih nagrada koje znače sve i sva za izvesne ljude; a kad se on bude navikao na nekoristoljublje, ova će ga navika pratiti svuda, ceo njegov život mirisaće njome... to je ljubav za istinu."

Eto od njega, kome inače najviše dugujemo za zdrave tradicije, mi bismo imali da naučimo ono što hoćemo da ostavimo budućnosti u nasleđe. Njegov zdrav instinkt, njegova shvatanja i njegova iskustva, to je ono što je potrebno najpre upoznati, a potom izraziti. To je on što je nosio sve, što je dao sve, što je izrazio život i zakon narodni; drugi su ga samo potpomagali. Skoro u svima njegovim akcijama nalazi se apsolutna iskrenost. Bez razdražljivosti, bez strasti, bez farisejstva, pravičan, čestit, plemenit, on je vazda umeo i znao da postavi sve na svoje pravo mesto. Potrebno je da se u potpunosti primi njegov kriterijum. Jer jedino on nikad nikome nije davao više nego što zaslužuje, ni manje nego što mu je pripadalo. Iako nije divinizirao ni cara Dušana, ni Obilića, ni Karađorđa, njegova zahvalnost nije bila ništa manja nego što ju je dugovao knezu Lazaru, kralju Milanu ili Putniku. I Stepa i Mišić nisu njegovi polubogovi niti idoli, ali su njegovi očevi. Njegovi svetitelji, to su prosvetitelji; to je Rastko Nemanjić i njegov otac, i Stevan Dečanski, i svi drugi koji su podizali škole, manastire i bolnice, a to je, u isto vreme, i prvenstveno, značajno za njegov mentalitet. On je divinizirao Rastka Nemanjića, onog uzvišenog čoveka, koji se beše odrekao pozitivne, primamljive, pune čari privilegije, da bi stao pred nesigurnim, pred nezahvalnim, pred razočaranjem i pred osobitim naporom; onoga koji je, pošto je žrtvovao jedno zavidno mesto koje mu je obezbeđivalo kraljevski život, pristao da primi život ispunjen novim požrtvovanjima; onoga, najzad, koji je, umesto da zahteva žrtvovanje svih za njega radi svoje slave, pristao da se žrtvuje za sve radi njihova dobra. Toga čoveka, koji je u život stupio ne da zavađa nego da miri, on je uzdigao na pijedestal božanstva; toga pastir-Savu, čijem se snažnom i velikom duhu, možda, jedino ima zahvaliti što se njegova braća, koja behu ukrstila vlastoljubive mačeve, izmiriše, poveravajući njemu konačnu raspravu jednoga sukoba što beše pretio da, bez njegovog posredovanja, izazove prolivanje krvi u kraljevini; eto toga svetitelja Savu, koji se sav beše založio za dobre i prijateljske odnose srpskog i bugarskog naroda, on je uzdigao na nebeske visine. I on je, zaista, znao koga treba da uzdiže na nebeske visine.

Skromno i sa iskrenošću koja zadivljuje, on iznosi ono što je preživeo, video i upoznao. A ono što je preživeo poslednji od njih, nikad nije doživeo niko od nas što perom pokušavamo da iznesemo ljudsko iskustvo. On ne voli da priča o borbama i kao ono Jelić, on o njima veli „zamuknule mukom". Ali: „Doć' će opet dani nasmejani... po polju će klasat' kukuruzi, i žita se nihati u strani, kruniće se cveće sa šljivika, u cik jutra, kad zora zaplavi, propojaće zvona sa zvonika". Eto, on je sav u tom čeznuću i u tom nadanju. Njegov zanosni, neprekidni, najslađi san, to je taj život, redovan, normalan, mir u slobodi. Tim životom on se opija, o tom životu on misli i o njemu on priča. Ako se kadgod hvali, on se ne hvali junaštvom i svojim podvizima, već onim naporom što ga je ulagao u kuću, da je učini čestitijom, boljom, uglednijom, lepšom; on se hvali onim što beše „skunatorio" pre ratova, svojim domazlukom, i on se hvali imenom svoje kuće, imenom svojim.

Na njega se treba ugledati u svemu što se tiče duše. U odnosu na ljude, u odnosu na saveznike ili neprijatelje ima samo da se primi njegov kriterijum, jer je njegov kriterijum neosporan i nepogrešiv. Eto ka tom izvoru divne pravosti, mi smo ubeđeni, treba da požure i da se steku svi oni koji teže da istinom napoje budućnost.

8

Demokratska teza Tolstojeva. — Aristokratska teza Ničeova. — Istina u izmirenju dvaju gledišta. — Srbi za demokratiju.

Zna se da je Tolstoj gledao „u anonimnim masama istinske pokretače istorije, a u tzv. šefovima horova proste statiste, pre štetne nego korisne" (Burdo, *Učitelji savremene misli*, strana 122-123), i zna se, kako je on svu vlast i svu aktivnost Napoleonovu pripisivao slučajnostima, milionima slučajnosti. Poznato je, na primer, kako je, prema njemu, na Kutuzovljevu dispoziciju od 4. oktobra i naređenje za napad od 5. oktobra, uticao slučajni izveštaj kozaka Šapovalova, koji je 2. oktobra jurio za zecom i nabasao na levo krilo vojske Miraove, koje nije bilo osigurano, i kako su, prema njemu, nepredviđene stvari igrale najglavniju ulogu u događajima.

Da je veliki mislilac doživeo da bude savremenik značajnih događaja što smo ih mi preživeli i preživljujemo, on bi, nema sumnje, sa puno melanholije morao da prizna pred svetom zastarelost mnogih svojih pogleda. Jer u današnje vreme on ne bi mogao s podsmehom govoriti o dispozicijama koje naređuju: *die erste Kolonne marschiert, die zweite Kolonne marschiert*, koje su nekad stizale samo na hartiji u mesta koja su im opredeljena. Danas je, pogotovu, nemoguć onaj primer o oficiru koji je nosio zapovest za Jermolova i koji je dugo lutao dok ovoga nije našao zajedno sa najglavnijim generalima u jeku orgija. U savremenom ratu slučaj Miraove neopreznosti moguć je, ali je vrlo redak. U ratovima koje Tolstoj nije doživeo da pozna, mnoge i mnoge dispozicije izvršavane su doslovce, sa jedinstvenom preciznošću i bitka se ne jedanput svršavala baš na onaj način koji beše predviđen unapred spremljenim planom. U modernom ratu nepredviđene stvari su gospodarile, ali je polje mogućnosti ipak znatno bilo suženo. I tako, dok je Tolstoj mogao da zabeleži: kako je Rusima, koji su spokojno bivakovali pod Tarutinom, položaj i broj Napoleonove vojske koja je pljačkala Moskvu bio nepoznat, onako isto kao što je Napoleonu bilo nepoznato stanje ruske vojske, promena u njenoj snazi (popunjavanje ruskih pukova regrutima), dotle bi sve to u današnje vreme moglo biti samo za sažaljenje. Moderni rat imao je na raspoloženju i suviše sredstava pomoću kojih su neprijateljske strane uzajamno dolazile do saznanja o situaciji i pomoću kojih se mogahu sa najvećom tačnošću predvideti mnoge potrebne stvari. I tako su savremeni događaji očigledno demantovali Tolstoja što se tiče šefova onih anonimnih gomila i njihove uloge u događajima. Da poslovima masa može da upravlja volja onih ličnosti a ne da njima upravlja volja masa, dovoljno je ukazati na nemački narod, čiji su intelektualci spremili i izradili mentalitet nemačke mase, stvorili njenu volju, pa je zatim potčinili. Ali su bezbrojni primeri koji potvrđuju od kakve je važnosti bila ličnost u prošlim događajima, da bi još na tome bilo potrebno duže insistirati. Niko danas, uostalom, i ne pomišlja da sumnja u ogromnu ulogu jednoga Lojda Džordža, Vilsona, Klemansoa ili Orlanda.

Nasuprot onoj Tolstojevoj demokratskoj, ističe se aristokratska teza Ničeova, koju g. Burdo rezimira ovako: „Cilj čovečanstva je da stvara velike ljude, da im žrtvuje mase, da dopusti te da se slobodno vrši njihova korisna aktivnost... Po Niču, dakle, sve ono što je veliko u svetu izvršili su izuzetni ljudi; sve ono što je servilno i nisko stvoreno je kada robovi dominiraju, a to je slučaj demokratije, u kojoj broj uništava elitu, u kojoj zečevi ugnjetavaju lavove" (Burdo, *Učitelji savremene misli*, str. 122). G. Burdo je zaključio da se istina nalazi u izmirenju ovih dvaju tako isključivih gledišta.

Da su savremeni događaji sjajno potvrdili istinu na koju je on ukazao, to je očevidno. Ali, dok su savremenici zamerili Tolstoju zbog njegove isključivosti, dotle su se na onu isključivost Ničeovu zgadili; jer, zaista, kako su postupile mase u najvećem do danas događaju istorije? Neosporno je: one su se nekoristoljubivo žrtvovale. Za šta? Za jedan ideal Pravde i Ljubavi, onaj što je priznat od zajedničke moralne svesti kao zakon razuma, onaj koga je rodilo osećanje starije od svih tradicija i koji se neodoljivo impozira svima; onaj, za koji je čovečanstvo sa neprekidnim naporom i u stalnom nemiru za najboljim i najsavršenijim, doznavalo „tražeći ga, hoteći ga, čineći ga". Pred njima, na raskršću, behu se ukazala dva razna puta života. Na putokazima što se tu nalaze od pamtiveka, zajednički ljudski pojam i zajedničko ljudsko osećanje behu upisali jasnim slovima, na jednom: ovo je put prava i razuma koji zahteva slobodu za sve; na drugom: ovo je put neprava i sebičnosti koji slobodu traži za jedne, zabranjuje za druge. Na ovom raskršću jedne su se mase dvoumile, pa pođoše drugim putem. To su one što su Ničeu, još pre odluke, dale misao o servilnom i niskom, što je stvoreno od robova; to su one što slepo pođoše za čovekom koji beše uzviknuo: „Sećajte se da je nemački narod izabran Bogom".

Druge su pošle za onim rukovodnim principom koji znači univerzalni ideal dobra i koji rešava svaki mogući antagonizam između moralnih principa koji su mu potčinjeni. To su one što verovahu u jednakost, u jednakost prava na život sviju, jer verovahu u opšti zakon pravde, u potrebu jednakosti uslova za usavršavanje svakog ljudskog bića, jer behu ubeđene u jednakost razuma, „najbolje podeljene stvari na svetu" (Dekart). To su one u ime kojih je predsednik Vilson, koji je najbolje izrazio njihove težnje, rekao: „Ceo naš program zadahnut je jednim osnovnim principom. To je princip Pravde za sve narode i za sve narodnosti i princip njihovog prava da žive naporedo i pod istim uslovima slobode i bezbednosti, pa ma oni bili moćni i veliki ili slabi i mali." — Na tome putu žrtvovaše se one za veliko i za plemenito. Eto te mase tražile su da se čuju i one su se gromko čule i svi su događaji zavisili od njih, sve je zavisilo od njih. Od njihove volje, od njihovih pregnuća i rešivosti, od njihovih vrednosti zavisiće i budućnost; njihove snage ili slabosti usloviće slobodu ili ropstvo budućih naraštaja. Zar ima još koga ko dosad to nije uvideo? Ko je taj što je verovao u planove vojskovođa ili namere narodnih vođa, a nije imao pouzdanja u snagu, vrednost pa i svest narodnih masa? Zaista, šta bi vredeli ovi planovi ili one namere kad ne bi imali oslonca u njima? I gde su one vojskovođe ili narodni vođi bez ove vere? Zato što je ovu veru imao i zato što je ulogu ovih masa shvatio, zato što je njihovu vrednost osetio i zato što se njihovim težnjama rukovodio, Lojd Džordž je pred trejdunionistima i mogao i morao reći, dajući masama prvo i počasno mesto u svetu: „I ako istrajemo, sa duhom naših otaca... moći ćemo trijumfalno ostvariti velike ciljeve rata, koje ste vi, vlada i predsednik Vilson, u svome divnom govoru, proklamovali ovih dana". I ko bi smeo reći da je to samo prosto laskanje?

A na onome putu Prava koje traži slobodu za sve, za one ciljeve i za onaj ideal Demokratije, žrtvovaše se Srbi i ulagaše jedan svestan napor od početka pa do svog poslednjeg narodnog daha. Na tome putu i u toj borbi, jedan narod mali ali srčan i iz njega jedno pokolenje velikodušno i izuzetno visokog idealizma, jedna generacija čiji je primer u ovoj najvećoj borbi inspirisao i duše velikih nacija, po njihovom sopstvenom priznanju, dalo je sve svoje snage kojima je raspolagalo, svu svoju ljubav iz koje se jedino i sastojalo. Ona je dala sve što je mogla dati i čak, svi se jednodušno slažu, više nego što je mogla dati. Taj jedinstveni napor ovog pokolenja, po rezultatima koje je postiglo i po učešću svome u ljudskom delu, mora pasti u oči kao nešto krupno i kapitalno svima onima koji se u budućnosti budu bavili uočavanjem velikih sinteza ljudske aktivnosti. U raznolikom, večno nemirnom životu čovečanstva, to je pokolenje podsetilo na one efemerne biljke što se javljaju da momentalno uvesele prirodu pa da, ubrzo potom, tužno iščeznu. Ono je dalo sve tome čovečanstvu. Ali zar bi se moglo zahtevati: da svi ljudi jedne generacije imaju srce dovoljno široko da unese sve bolove svoga vremena, pa čak i one jednoga tuđeg naroda koga nisu poznavali.

BELEŠKA O PISCU I DELU

Dragiša Vasić, istaknuti srpski pravnik, književnik i publicista, rođen je 1885. godine u Gornjem Milanovcu. Osnovnu školu i niže razrede gimnazije završio je u rodnom gradu. Više razrede gimnazije i Pravni fakultet završava u Beogradu. Diplomirao je u junu 1907. i odmah zatim otišao u Pešadijsku oficirsku školu na služenje vojnog roka. U ovoj beogradskoj školi godinu dana kasnije uspešno polaže ispit za rezervnog oficira.

Napredovanje u pravničkoj službi ubrzo prekidaju ratovi — u Prvi balkanski rat stupa kao rezervni oficir i učestvuje u Kumanovskoj, a u Drugom balkanskom ratu učestvuje u Bregalničkoj bici. Za zasluge u borbama odlikovan je Zlatnom medaljom za hrabrost.

Učestvuje i u Prvom svetskom ratu. Borio se na Ceru i položajima kod Šapca, u Kolubarskoj bici, sudelovao u odbrani Beograda, a zatim povlačio sa srpskom vojskom preko Albanije. Posle oporavka na Krfu, prebačen je na Solunski front.

Po završetku Velikog rata, na sopstveni zahtev oslobođen je vojne službe.

U periodu od maja do avgusta 1920, glavni je urednik liberalno-demokratskog lista „Progres". Zbog svojih opoziciono obojenih političkih članaka i komentara, ovaj list je vrlo brzo ugašen, a Dragiša Vasić po kazni poslat u planine na granici sa Albanijom da učestvuje u gušenju pobune albanskih plemena.

Pošto se zbog navedenog podrazumevalo da za njega više nema posla u državnoj službi, po povratku započinje advokatsku karijeru. Njegova kancelarija u Beogradu bila je jedna od najuglednijih u prestonici. U februaru 1934. godine izabran je za dopisnog člana Srpske kraljevske akademije.

Sa Slobodanom Jovanovićem 1937. osniva Srpski kulturni klub, 1938. postaje član Upravnog odbora Srpske književne zadruge, a zatim i član njenog Književnog odbora. Srpski kulturni klub 1939. godine pokreće list „Srpski glas", a Dragiša Vasić biva izabran za njegovog glavnog urednika. I ovaj list je, tokom svega sedam meseci svoga postojanja, više puta zabranjivan.

Posle kapitulacije, aprila 1941. godine, Dragiša Vasić na poziv Draže Mihailovića pristupa njegovom četničkom pokretu i postaje Dražin lični pomoćnik, savetnik za politička pitanja i zamenik. Početkom 1944. godine razilazi se sa Mihailovićem i pridružuje četnicima Pavla Đurišića.

Pogubljen je krajem avgusta 1945. Njegova smrt obavijena je velom misterije. Većina izvora navodi da su ga zarobile, a zatim i ubile ustaše u koncentracionom logoru Nova Gradiška. Međutim, postoje i neki drugi izvori koji tvrde da su ga zarobili i streljali partizani u Banjaluci.

U martu 1945. godine, dok je još bio živ, Dragiša Vasić je od strane komunista proglašen za „izdajnika naroda" i „ratnog zločinca". Sva imovina mu je konfiskovana i izbačen je iz kulturne baštine srpskoga naroda. Pod stavkom „obrazloženje zločina" upisano je da je bio učesnik nemačko-četničke konferencije u Beogradu, od 5. do 7. februara 1942. godine, „kada je ugovorena politička i vojna saradnja četnika sa Nemcima i zajednička akcija protiv partizana".

Sudsko veće Okružnog suda u Beogradu, rehabilitovalo je Dragišu Vasića decembra 2009. godine, utvrđivanjem da pomenuta konferencija nije ni održana, kao i da Vasić tokom okupacije nije dolazio u Beograd.

Uprkos tome što je, po direktivi komunističke vlasti, dekretom bilo zabranjeno, a zatim i fizički uklonjeno iz biblioteka, škola i izdavačkih planova, književno delo Dragiše Vasića nastavilo je da živi. Kako će se kasnije pokazati, čak i zabranjeno, ono je bilo inspiracija mnogim piscima koji su iz njega neograničeno crpli teme, motive, likove, uglavnom bez navođenja izvora.

Vasić je svoju prvu knjigu, *Karakter i mentalitet jednog pokolenja*, objavio 1919. godine, neposredno po izlasku iz svog trećeg po redu rata (Prvog balkanskog, Drugog balkanskog i Prvog svetskog), učestvujući kao kapetan i rezervni oficir u svim značajnijim bitkama srpske vojske, više puta ranjavan i odlikovan. Pre toga, objavio je nekoliko pripovedaka, među kojima se posebno izdvaja *Packo*, čiji je glavni kontekst bila Larošfukoova misao da se savršena hrabrost pokazuje kada čovek bez svedoka čini ono što bi bio sposoban da čini pred celim svetom. Ova pripovetka osvojila je glavnu nagradu lista „Politika" 1914. godine, a u žiriju koji je bio zadužen za dodelu nagrada sedeli su tada Jovan Skerlić, Isidora Sekulić i Dragutin Kostić.

Karakter i mentalitet jednog pokolenja predstavlja svojevrsni nastavak pripovetke i Vasićev odgovor francuskom sociologu i psihologu Gistavu le Bonu, koji je tvrdio da su svi balkanski narodi varvari. Le Bon je stekao svetsku slavu baveći se analizom i definicijom gomile i njenom negativnom ulogom, a u svojim radovima tvrdio je da se o balkanske narode civilizacija samo očešala, da je srpski narod ratnički, pun mržnje, i da je jedini pravi politički režim za njega gvozdena ruka nalik onoj Osmanske carevine. Prema Le Bonu, srpsko probijanje fronta i hrljenje ka otadžbini bili su plod mržnje, dok je pobede zapadnih naroda okarakterisao kao uzvišen čin.

Vasić je, međutim, smatrao da su ovakvi zaključci netačni i opasni, jer se zasnivaju na površnom poznavanju balkanskih naroda. U svojoj knjizi postavlja ključna pitanja: „Jesmo li se mi zaista borili protiv Turaka sa strašću nasleđene mržnje? Vlada li, zbilja, u našim srcima bes divljačke mržnje protiv Bugara? Kakav je, u stvari, karakter i mentalitet Srba?"

U delu objavljenom pre više od sto godina, Vasić nas podseća na naše danas gotovo zaboravljene vrline: saosećajnost, požrtvovanost, zaštitu slabijih i pravednost. On predviđa našu moguću buduću zbunjenost i upozorava nas da ćemo, ukoliko se u tumačenjima ne budemo oslanjali na ovakva sopstvena bogata iskustva i vrline, usvojiti kao činjenice nametnute pretpostavke i predrasude oblikovane tuđim viđenjima. Čini se da je budućnost Vasiću bila manje zagonetna nego nama prošlost, paradoksalno, s obzirom na brojna svedočanstva i dokumentaciju koji nesebično i obilato svedoče o stvarnoj prirodi prošlih događaja.

Dragiša Vasić
KARAKTER I MENTALITET
JEDNOG POKOLENJA

London, 2024

Izdavač
Globland Books
27 Old Gloucester Street
London, WC1N 3AX
United Kingdom
www.globlandbooks.com
info@globlandbooks.com

Naslovna fotografija
Juriš srpske konjice u proboju Solunskog fronta
(foto "Šumadijska divizija 1914-1918")

www.ingramcontent.com/pod-product-compliance
Lightning Source LLC
Chambersburg PA
CBHW050259120526
44590CB00016B/2420